TEACHING TOWARD SOLUTIONS

高效教师

焦点解决取向在学校教育中的应用

〔美〕琳达·梅特卡夫（Linda Metcalf）著　钟爱芳　李晓莉　张春红译　骆　宏　审校

宁波出版社
NINGBO PUBLISHING HOUSE

Teaching Toward Solutions: Improve student behavior, grades, parental support and staff moral - second edition

Copyright © 2020 Linda Metcalf PhD.
Worksheets within this book are reproducible for the exclusive use within the school of the purchaser. Other reproduction of any other text is strictly prohibited without consent from both the publisher and Linda Metcalf, PhD
The simplified Chinese translation rights arranged through Rightol Media（本书中文简体版权经由锐拓传媒取得 Email:copyright@rightol.com）

版权合同登记号：11-2015-130

图书在版编目（CIP）数据

高效教师：焦点解决取向在学校教育中的应用／（美）梅特卡夫（Metcalf,L.）著；钟爱芳，李晓莉，张春红译．— 宁波：宁波出版社，2015.8（2024.4 重印）
　ISBN 978-7-5526-2067-2

Ⅰ.①高… Ⅱ.①梅…②钟…③李…④张… Ⅲ.①学校教育—研究 Ⅳ.① G4

中国版本图书馆 CIP 数据核字（2015）第 067524 号

高效教师：焦点解决取向在学校教育中的应用
［美］琳达·梅特卡夫　著
钟爱芳　李晓莉　张春红　译　骆宏　审校

出版发行	宁波出版社
地　　址	宁波市甬江大道 1 号宁波书城 8 号楼 6 楼
邮　　编	315040
电　　话	0574-87259609
责任编辑	陈　静
责任校对	陈　钰
装帧设计	金字斋
插　　画	小　戚
印　　刷	宁波白云印刷有限公司
开　　本	720 毫米 ×1000 毫米　1/16
印　　张	20.25
字　　数	230 千
版　　次	2015 年 8 月第 1 版
印　　次	2024 年 4 月第 8 次印刷
标准书号	ISBN 978-7-5526-2067-2
定　　价	56.00 元

如发现印刷质量问题，请与承印厂调换，电话：0574-83875165。

私人方面，本书献给
我的孩子凯莉和赖安，
以及我的先生罗杰。

专业方面，本书献给
教过我的老师、
我认识的老师，
以及我所教过的未来老师。

关于作者

琳达·梅特卡夫博士拥有婚姻与家庭治疗师执照及专业咨询师执照,曾是中学教师、学校心理咨询师,目前是美国德克萨斯州曼斯菲尔德独立学区安全和拒绝毒品学校负责人。

梅特卡夫博士发表了许多有关青少年和儿童短期治疗的文章,并著有三本著作,分别是 *Counseling Toward Solutions*[1](The Center for Applied Research in Education, 1995)、*Parenting Toward Solutions*(Prentice Hall, 1997)和 *Solution-Focused Group Therapy*(The Free Press, 1998)。

梅特卡夫博士除了在私人诊所为儿童、青少年提供学校及家庭咨询外,同时也在加拿大、澳大利亚和英国各学校系统中担任焦点解决短期治疗顾问。

她和她的先生罗杰住在美国德克萨斯州的阿灵顿,育有两子:凯莉和赖安。

若有工作坊和相关咨询需求,可与梅特卡夫博士联络。您可以写信至:

Linda Metcalf , PhD

5126 Bridgwater

Arlington , TX 76017

www.lindaMetcalf.com

E-mail: dr_linda@ix.netcom.com

1　该书已有中文版:《教师、学生和家长焦点难题解决方案》,中国青年出版社,2011.5

推荐序（一）

焦点解决短期治疗（Solution-focused brief therapy，简称SFBT）深受社会建构论影响，基于后现代哲学观，秉持正向性、整体性，以及尊重人性尊严的信念，一方面承继着百年来心理治疗领域对于人之知觉、心性与行为的探索，一方面又勇健且审慎地颠覆过往看待问题的视框，大幅减降对人们的弱点、失误、问题及病理诊断的强调，转为重视当事人的优势、复原力、成功经验，以及有效用之处。

这样的独特性，让SFBT在不到三十年的时间，已经广为世人所知，并已多元、有效地应用于家族治疗、心理卫生、儿童与社会福利、收容机构、医院、不良行为少年与监狱司法系统等范畴。其中，SFBT在学校系统的应用价值，尤其备受肯定。因为，学校辅导工作的重要特性之一，在于结合着教育目的与教育系统，以促进学生成就、成功与成长所需的支持；学校辅导工作的哲学理念，应为发展性、成长性、支持性者，乃与其他咨询与治疗场域中的病理观点极为不同。因而，SFBT的理念正与之不谋而合。

骆宏博士及其团队多年来一直致力于SFBT的各方推广。除了提供训练之外，愿意承担翻译SFBT系列书籍的繁重任务，实属难得。《高效教师》一书的作者琳达·梅特卡夫，是SFBT重要代表人物之一。一直以来，她由于自身的实务经验与教养孩子的经验，十分投入SFBT在校园各教育者的训练工作。最为难得的是，她能以教师角色的立场来撰写此书，并能多方考量极为重要的面向，如班级经营、师生沟通、课程设计、学习困难、特殊学生辅导、行为管教、学校系统等。所以，相信阅读本书的教育工作者，能因为经验的贴近，将能在会心一笑的共鸣中，快速吸收书中含有案例与实践的可贵知识。

　　SFBT正向导向、发展导向、未来导向、目标导向、解决导向、行动导向、短期导向的实务要素，不仅对于主要负责校园青少年咨询的心理健康教师极有助益，也相当能提升学校行政领导、教师辅导能力以及家长亲职效能。诸多实务与研究皆已证明，若班主任及各科教师这些接触学生的一线人员能接受SFBT的理念与操作方法，不仅是莘莘学子之福，更是任重道远的教师莫大的赋能力量！

台湾师范大学教育心理与辅导系教授　许维素
2015年3月

推荐序(二)

让焦点解决之光洒向每一间教室

2015年3月底,第一次捧着骆宏教授的杭州团队翻译的《高效教师》这本书,正是在刚刚结束了第二期焦点解决取向的教练式教师培训之后,处于筹备高效焦点解决心理教练国际认证培训之前。全然浸泡在焦点解决实践运用中的我,看到了这本书,心里颇为兴奋,特别感动,也很踏实。兴奋的是,广大教育工作者终于可以近距离地感受焦点解决的魅力了;感动的是,骆宏教授杭州团队多年来一直努力推进焦点解决又结出了硕果;踏实的是,有了这些教材,广大心理学同行就能更方便地推动中国教育领域的后现代心理应用了。

和本书的译者骆宏教授一样,我也是焦点解决教练的痴迷者、践行者和传播者。虽然离2013年举办第一届中国传统文化与后现代心理学应用学术研讨会只有两年时间,但是焦点解决疗法培训、焦点解决学术沙龙、焦点解决心理教练项目已经如火如荼,正兴高采烈地在中国科学院心理研究所起步,在全国各地散漫开来,点燃着更多后现代同行的热情与活力,越来越多的焦点粉丝们汇聚、受益,并沉醉于此。从先后与赵然教授、骆宏教授、许维素教授接触,并开始熟悉焦点解决的那时候起,我便深信焦点解决方法的简洁明快、积极正向、大道至简,其对于现代社会人们生活的方方面面,必将具有变革性的影响价值,因此开始全力以赴地与前述几位教授及后现代心理学同行践行自己的期待和设想,也一直盼望着更多经典之作能进入国人的视线。我也一直坚信,后现代心理学理念、焦点解决取向的方法与技术与教育教学的结合最具价值、最有意义、最富潜力。如今这本译著应运而生,细致透彻地呈现了焦点解决取向如何运用于教育领域,开阔了后现代同行的国际化视野,提升了焦点解决的专业化发展,也促进了其本土化发展,有着广阔的应用发展前景。该书的出版可谓后现代心理学工作者、焦点解决爱好者和教育工作者的福音。

《高效教师》涉及学校教学和教育管理的方方面面,分章呈现了教育者关心的重要议题,如班级建设、师生关系、学习动机、问题诊断、学校建设等。该书是一本操作性手册,既科学严谨,又通俗易懂,其中丰富的实例说明、个案研究和练习活动让人爱不释手又跃跃欲试。焦点解决教师的身边不再是一群问题学生,而是一个个怀有良知和愿望并付出诸多尝试的小专家,他们闪烁如星、潜能无限。

2014年在杭州举办中国传统文化与后现代心理学术研讨会的时候,骆宏教授告诉我关于后现代焦点解决在教育领域的一系列前期工作、近期设想和未来规划,我就特别兴奋。骆宏教授身边聚集的杭州焦点解决研究与应用团队,一直是我非常敬重的理论与实践并重的后现代心理学专家团队。他们在杭州扎扎实实、精心培育、逐步渗透,在中国后现代心理学应用的开拓和发展上倾注了大量心血。如此佳作的翻译出版可谓杭州团队的又一重量级成果。身为他们的同行和伙伴,他们的工作热度、涉及广度、学术深度,都让我深感敬佩。我常常带着对浙江余姚王阳明"心即是理、致良知、知行合一"的心学文化的敬佩和热切,关注和欣赏着同样在浙江生活、实践、反思的杭州后现代心理学伙伴,他们所进行的焦点解决教育领域的理论探索和实践应用活动,不正是传统心学文化与后现代心理学的最好结合,不正是对先圣王阳明心学文化最好的传承吗?

近期,我也正与骆宏教授、曾海波博士、刘正奎教授、赵然教授、祝卓宏教授、李焰教授、李明博士、高德明院长、张非凡教练、陈子涵教练等后现代心理学同行,一同探讨后现代"合作式教育"模式在中国教育中的应用与推广。"合作式教育"所提倡的欣赏、链接、空间、具体、互动、关系、即兴、推动建构、创造、叙事、生成,或将成为中国教育的重要拐点、当今社会的一剂良药。焦点解决所呈现的积极正向、简洁高效、注重一小步、聆听 — 选择 — 建构,借助诸多刻度化问句、结果问句、关系问句、奇迹问句、例外问句等问句的具体对话技术,与合作式教育深厚的后现代哲学理念相结合,必将打开更多教育教学的对话空间,在教育领域必将创造出更多的可能性,产生1加1远大于2,"一生二、二生三、三生万物"的效果。

最后,我们共同期待本书的出版成为焦点解决方法及后现代心理学应用在教育领域的标志性事件,期待它能为更多的读者所熟悉,从而激发出更多为解决当今教育瓶颈和困惑的有价值的尝试,也期待使用本书的教师和教育工作者,不断发挥并拓展焦点解决技术在教育领域中的应用。让焦点解决之光洒向每一间教室,让更多的校长们得以轻松管理,让更多的教师们得以自在地教学,让每一个孩子回归阳光灿烂、智慧灵巧、童心活跃、创造力无限!

中国科学院心理研究所心理健康促进中心主任　史占彪

2015年4月

推荐序（三）

自然亲切　启智导行

"高效教师"的提法，对大众而言或许陌生，但在过去的十年间，"成为高效能教师、建设高效能学校"却是教育界里探讨和探索的一个重要方向。教育界人士在探讨"高效教师"时，并没有明确的定论。有的人认为"高效教师"就是能立竿见影地提高学生成绩的老师，帮助学生在优胜劣汰的激流中扬帆直抵以分数为旗杆的彼岸。有的人认为"高效教师"是善于鼓舞学生及课堂管理的老师，此说代表者为美国教育界最高荣誉"贺拉斯·曼教育家奖"获得者黄绍裘博士，他认为"高效教师"特质有三：积极期望，在课堂教学过程中，以语言、态度、表情、体贴等各种关怀与行动方式鼓舞学生；课堂管理，从来不会用纪律来约束自己的学生，而是非常善于在一致连贯的教学氛围中引导学生约束控制自己的行为；掌握课堂，从来不会在课堂上大喊大叫、发号施令，而是恰如其分地引导学生自主学习。而琳达·梅特卡夫博士总结了自己多年以来作为教师、学校管理者、焦点解决心理专家的实践和研究成果，在本书中给出了更清晰的"高效教师"的目标和特征——"关注学生的才能与资源，而非他们的缺陷或失败"，提升学生自身能力、培养学生尊重和负责的态度。毋庸置疑，高效教师是塑造卓越学校文化的中坚力量，一位善于培养兼具应试"高分"和终身学习能力的学生"精英"的教师是能以学生为本，能够把握住教育本质的，这与学校及社会对人的培养目标更是一致的。

作为一名教育辅导市场的从业者，我对"高效教师"的关注，源于对乱象丛生的教育辅导市场的思考。在传统的补习机构甚至是一些知名的培训机构中存在的黑幕不计其数，其主要表现在过度宣传师资这一普遍顽疾上，他们所包装炒作的"名师"头衔非常耀眼，而补习效果甚微。应该如何去定义所谓的"名师"不仅是学生和家长的困惑，更是教育界和社会的难题。在过去的十年里，中国中小学生的应试压力不但没有减弱，而且从校内延伸至校外，让学生受到死记硬背、一味训练应试技巧的戕害。补习机构出于商业利益的考虑，使其整个教学服务在基于增加学生课耗的逻辑下运转，引导从业教师成为学生的拐棍，不仅走向提升学生自身学习能力的反面，从业教师提高教学效率的内驱力也因此受到了抑制，与"高效教师"背道而驰。

在信息渠道高度发达的今天，这种运行体制已经严重掣肘了机构的发展。严格的规定不能控制老师的流失率，谨小慎微的名师打造也不能避免优秀师资的在线转移，对于已经渗透进每个人生活的互联网时代，传统教育却依然保持封闭低效状态，没有放开胸怀，去主动迎接这个时代的变革。这给社会画上了一个巨大的问号：应该如何解放教师？如何从机制上激励教师做一个"高效教师"？这些年，我和我的伙伴们怀着解放教师、成就高效教师的梦想创办了365好老师网站，致力于打造真正的"高效教师"，并与中科院心理所联合开发了"青少年成长教练"培训课程，这套课程正是基于焦点解决教练技术，与本书作者琳达·梅特卡夫博士所使用的理念和方法相同，目前这套课程因简洁、有效、易于掌握，迅速得到了教师们和家长们的欢迎和肯定。2014年11月，在第二届中国传统文化与后现代心理学应用学术研讨会上，我又有幸结识到本书翻译团队负责人骆宏教授,进而有机会先睹为快地拜读了琳达·梅特卡夫博士这本经典之作《高效教师》。

琳达·梅特卡夫博士在"高效教师"领域研究和实践上,无疑远远领先于国内的探索,对于我们而言有一种醍醐灌顶、相见恨晚的帮助和喜悦。本书理念理论根基扎实、实操性强、案例丰富、应用场景广泛,对于教育工作者而言,阅读本书会是一次更新思维、解决困惑、开启全新工作模式的、令人愉快的发现之旅。于我而言,捧读本书,恰如"高效教师"之于学生,自然亲切、启智导行。

我相信,将本书引入国内对中国的教育界来说是一件功德无量的事情,亦将引领高效教师的培养及推广潮流。感谢骆宏教授!

"365好老师网站"创始人兼CEO　王伟宁博士
2015年5月

译者序

小学时,我们几个要好的同学,常常一下课就跑去找老师聊天,当然那时候并非是出于什么心灵的交流、知识的碰撞,而只是想与老师亲近。初中时,也会因为老师一句"你是最有可能冲刺重点高中的人",就会全心投入、废寝忘食地学习。

尽管对求学期的很多事情已渐渐遗忘,但是,若要说对我个人成长影响最深的人都有谁,其中必然有"老师",且不止一位。正是在老师的"循循善诱下",我一步步从小学升初中、高中,考大学,直至研究生毕业。在我朦胧懵懂时,是老师的谆谆教导让我有了选择,有了前进的方向。

尽管从师范大学毕业后并未从事教师工作,但因为所学心理专业,在工作中也时常遇到咨询学习问题、孩子教育的情况。接触下来也越发发现,如今,老师与学生、学生与家长、家长与校方,这些关系之间似乎存在某种"断裂",如台湾作家龙应台所言,"彼此深爱却互不相识,向往接触却找不到桥梁,渴望表达却没有语言"。

机缘巧合,在导师骆宏教授的推荐下,我拿到了此书的英文书稿,并着手翻译。过程中,我时常被文中分享的观点和理念所感动。这是一种全新的教学思维。关注的是当问题不存在或该发生而没有发生的时刻,关注的是营造一种让学生体验尊重、信任和负责的教学氛围,关注的是学生个人的自我成长。这不正是当下教育领域想要实现的目标吗?!

不过,这不是一本理论指导用书,而是包含和引用了大量来自教育实践的案例,并注解了详细说明的书。这是一本高效教师的实用手册,背后所持的焦点解决理念注重"不究原因、关注解决"、"跳出问题看问题"……

全书共分九章。第一、四、八、九章由钟爱芳主译,第三、五、六章由李晓莉主译,第二、七章由张春红主译。

第一章主要分享了焦点解决理念在教学情景中的引入,并介绍了一项"例外化的教学计划"。第二章强调教师学会利用自身和学校资源的能力,罗列了一些适用于学生干预的具体方法。第三章通过真实个案提议教师,重新检视自己对待学生的观点和行为,并进一步探讨了更多方法、细节。第四、五章呈现了"例外化的学校项目"在不同学龄阶段的应用,描述了何为焦点解决班级,及有利于营造积极氛围的各种方法。第六章对学生问题的诊断重新进行了定义,并提供了策略建议。第七章告诉教师,即使面对最暴躁的学生,换个角度,也能改变其态度。第八章围绕"社会适应能力"展开讨论,帮助教师教会学生自己解决自己问题的新策略。最后一章,则为学校行政人员描绘了一幅美好的教学蓝图,并提供了大量可重复应用的指导原则。

琳达·梅特卡夫博士精心撰写的这本书,每章都有看点。尽管主要面向学校教师,但是学生家长们也能从中收获一些知识技能或感悟。

在本书翻译的过程中,台湾师范大学教育心理与辅导专业许维素教授(也是本书台湾版翻译及总校阅)和台湾心理出版社总编辑林敬尧先生得知我们团队也正着手翻译时,无私提供了他们的书稿供我们参考及进一步完善和改进。

随着此书书稿的交付,最需要感谢的是我的导师——骆宏博士,正是他的推荐和鼓励,我们才有机会翻译此书,并且在过程中收获良多,对心理学的生活化应用也有了更深层的理解。同时,黄玉琛、陈小立、江玲等也无私协助我们翻译,海棠对书稿进行了译校,一并谢过。

还需提及的是,感谢"焦点解决"!正是因为它,我的生活圈子从此打开,结交了不少志同道合的朋友;也正是因为学习了"焦点解决",我的视野和思维变得更为宽阔,人生也有了更多可能。希望更多人能从"焦点解决"的学习中受益。

最后,感谢每一位曾给过我知识、教过我道理的小学、初中及高中老师,因为他们,我一路成长。当然,由于水平有限,译文中难免有不妥和错误之处,还望读者指正。

钟爱芳

(心理学硕士,杭州市健康管理中心骆宏焦点解决工作室成员)

致　谢

本书总结了我当学生、教师以及指导未来教师的一些经验与想法。我努力为那些致力于教育事业的工作者提供一种新的思维方法。创作本书,我也承担了较多的风险,因为本书所宣扬的思想可能会挑战教师们的原有思维,同时也可能会激发某些其他思考。不过,我由衷地希望本书对读者你能有所帮助。

本书的完成,是多人努力、合作的结果,他们一同帮助我在书中呈现这些理念和策略。同时,他们也在生活中努力实践着这些想法。

感谢拉丽莎·考克斯老师,他不但成功地吸引了我儿子的注意力,还说服他顺利地完成了高中学业。感谢实习老师托伊·安杰尔,他具有建立关系的才能,那是我们大多数人梦寐以求的。特里·克罗斯,感谢你提供乔斯的故事,感谢你向我们展示教师创新性的回应是如何改变一个学生的生活的。感谢佩姬·埃尔罗德,你的经验彰显出你的仁慈,让我们即使在崎岖不平的道路上仍旧能走得更远,也感谢你帮我收集了教师需求的问卷调查表并进行了分析。吉姆·利伯和戴夫·科尔伯恩,感谢你们为本书需包含哪些重要的内容提供了建议。拉里·弗曼扎克,再次感谢你在本书写作过程中给我们提供的指导,能作为你的学生一定相当幸运!谢谢本·弗曼,你在重组团队方面的意见令人耳目一新且极具启发性,感谢你的友谊,感谢你致力于用简单的方式建立团队。艾娜·克罗,一位杰出的咨询师,感谢你让我能够进一步了解教师,并提供了众多奇思妙想。道格·库克,一位小学咨询师,你的学校计划是教育小学生的一个模版,感谢你的贡献。朱迪·马丁,你看见了一些需求的存在并为此做了一些事,感谢你提供并教导我们所有密友可以做的事。

给最优秀的编辑康妮·凯贝克,感谢你总是相信我所做的和我所写的!感谢我的同事塔米和塞莱斯特,你们总是支持我。也感谢我的朋友奇普·奇尔顿的鼓励和学生的头脑风暴课程。最后也是最重要的,感谢我的先生罗杰和我的孩子们凯莉和赖安。赖安也是我最爱的小插画家(注:本书中的插画系国内插画师所画)。

原　序

本书是为那些期望在教学活动中运用更为正向的、焦点解决方法的教师们——不论是新教师还是有经验的教师——所撰写的指导手册。可与《教师、学生和家长焦点难题解决方案》配合使用。这两本书提供了完整且全面的学校方案：这些方案关注学生的才能及资源，而非他们的缺陷或失败。此外，*Parenting Toward Solutions* 作为参考书，进一步支持了学校教职员工和行政管理人员在方案中的各种努力，也为父母全面了解学校方案提供一种信息参考。

所有学校方案都特别关注学生的"例外"（exceptions）情况，或问题"没有发生"的时刻，并说明这些例外时刻是如何能够为教育者提供线索，使他们能够想出一套不同于原来的教学方法，从而使学生能够拥有更多的成功经验。形成这种新的关注方式，也意味着教育者要用不同的方式来看待学生和家长，并且要反省我们对于教育事业和对人的态度与信念。关于"我们是谁"以及每日教学任务的观点与想法，是促使课堂氛围发生改变的必要条件。而这个模式对学生和教职员工都会产生积极的影响，创造出一个持续改变和具有胜任感的氛围。

本书可使教师和行政管理人员重新反思自己的定位，以开启全新工作模式。这个模式,能够创造出一个持续改变和具有胜任感的氛围,对学生和教职员工都会产生积极影响。本书每个章节中均包含以下信息。

- 实例说明:在特殊行为问题、情绪压力、家长会议、学习困难、精神病学诊断,以及特殊教育问题等主题中应用焦点解决模式。
- 个案研究:每个章节都会附上案例,以简要说明"此处发生了什么",并再次澄清焦点解决概念,供教师们反思和学会实践这些焦点解决策略。
- 实践练习:每个章节末尾都会以实践练习的方式为教师们提供"焦点解决式作答"。这些活动将启发课程教师、实习教师或资深教师在班级管理中产生新观点。

本书所呈现的是过去十年以来,作者致力于在实习教师和资深教师中推广焦点解决取向的各种技术和策略。当教师运用不同的方式来应对教室里的困境时,学生行为和班级氛围就会发生改变。

具体章节内容

本书以"一位新教师决定给一名学生最后一次机会"这样一个戏剧性的个案研究开场。第一章首先介绍在教室中应用的、新颖且具有启发性的理念与假设,所提供的全新策略可帮助教师预防学生发生不当行为,营造出尊重和负责的师生氛围。同时,这种新的师生互动关系又能使学生的违规行为降至最少。邀请教师从不同的角度看待学生,而随着教师逐渐形成新的认知,学生的不同行为也将产生。这些理念或假设犹如生存技能,使教师不仅了解自己的个人与专业技能,同时又将这些理念传递给学生及其家长。"例外化的教学计划"能够被教师轻易学会,并在教室中应用,因为它的关注点与学校目标如出一辙:提升学生自身能力,培养学生尊重和负责的态度。

第二章重点在于,帮助教师识别自己过去解决问题的能力,并鼓励教师将这些能力应用到学校中。语言定义了教师和学生。学习如何处理动机、危机或烦恼、愤怒、失望等情绪，除了可以帮助教师自身成长，也能使学生相信教师是真诚且令人尊敬的人。教师的态度决定了他会如何处理学生冲突——改变这些态度就能改变许多沟通结果！第二章为教师罗列了干预学生的具体过程。教师对学生态度的重要性，甚至可能会让某些经验丰富的教师都觉得震惊；改变教师对学生的态度就是一种简单、快速、有效，且能赢得最令人头疼学生的信任和合作的方法。本章提议用新的方式和学生一起思考与设定目标，并且通过编写新的"学校故事"来帮助他们。了解"'问题'本身才是问题"——不是学生有问题——这样，教师才能够帮学生忽略"问题"本身，并且"共同"努力远离它的影响。

第三章审视教师对问题学生的观点和行为，并通过一个真实案例进行详细说明，一位利用焦点解决技巧的教师是如何减少学生的抗拒，并实现与其合作的。对每个案例的总结将会加深教师对焦点解决的理解。本章试图探讨更多细节性的方法，说明如何与不同年龄、不同能力水平的学生进行对话，并获得其合作与尊重。本章包含了很多种形式的"引导式问句"，能够在很多情境中重复使用。比如，如何针对特殊班级制定有效的课程计划，如何举办更多积极有效的焦点解决团队会议、教师（咨询师）会议或家长（学生）会议。

第四章呈现了"例外化的学校项目"，鼓励教师成为学校管理者、咨询师／心理学家／治疗师团队中的一分子。本章将会详细描述什么是焦点解决取向的班级，并提供了多种可重复使用的营造积极气氛的方法。这些方法随时可以在家长会议、个性化教育计划、诊断会议等情境中使用。有时候，发现"问题"学生的优势和资源是一件困难的事情，而要教会学生也这么做更需要教师付出较大的努力。第五章将集中讨论关于这方面的一些方法，并以实例说明当教师使用这些方法时，学生会以自己的方式取得成功。此外，还为教师提供了一些标准化的形式，使教师即便面对最具挑战性的学生，也能帮助其展现出最好的一面，形成新的认知态度。本章还包含一些用来询问同事以帮助找到学生长处的问句,使教师能够确认同事曾对学生使用的有用策略。在这一章中,父母也被视为重要的信息来源。这种寻找能力而非深究缺点的方法,会导致一个新系统的成立。在这个新系统中,学生将会更正向地看待自己。第五章的建议适用于小学和中学的情况。

第六章涉及教师每天必须面对的学生问题,包括抑郁、情绪障碍、多动症、品德障碍和其他诊断。现在的学生承受着巨大的压力,本章将告诉我们,要想取得成功,教师就必须联合父母、咨询师、心理学家一起工作,创造一个支持系统以促使学生变得更为上进。无论是学习落后问题,还是性虐待、离婚、死亡或失落等议题,本章都将涉及并为你提供参考,使你进一步了解"问题"学生的世界。本章最后针对不同案例,给予教师不同的建议,使教师在与"问题"学生一起工作时,少一些不安,多一点自信,向学生传达出可靠的信号。

第七章引用了霍华德·哥萨奇的一段话,这也是本书的核心:"某些人或许认为必须以火攻火……但,有趣的是,我总是用'水'。"从不同角度看待学生的问题,会帮助我们软化学生强硬的态度,使他们变得更为合作。即便是阿尔伯特·爱因斯坦也认为:"你不能用产生问题的思考方式来企图解决问题。"与其认为学生是如何"考验"教师,不如换个角度思考:教师其实是受到邀请去理解"考验"对学生意味着什么。这是否意味着学生必须为事件、时间负责?或是在讨论一个笑话时,仍能交出作业?或者是否意味着教师必须付出如午餐这样的额外时间来改善和增进与学生之间的关系?无论是什么样的案例,今天的学生已经与三十年前有很大的区别:学生与教师之间的关系正受到多种因素影响,并逐渐恶化。本章将为教师提供新的策略与建议,使教师即使面对最暴躁的学生时,也能改变其态度。

第八章主要围绕"社会适应能力"展开讨论。无论是小学生或初中生,本章将提供一些活动练习及讨论议题。教会学生如何不用武力而赢得生存的权利,是"化解冲突的焦点解决模式"所要达成的目标。本章将帮助教师协助学生解决自己的问题。这种新的策略可消除彼此的愤怒和反抗,为学生打开一扇朝向减少抱怨、开始思索且更为合作的大门。

第九章主要为学校行政管理人员创造新的学校蓝图提供方法,包括引导全体教职员工学会新的思考方式等。此外,本章包括了大量可重复应用的指导原则,用以减少行政人员的案头工作。那些过去曾尝试制定项目的人,将会对本章中所提供的组织方式感到讶异。除基于作者研究以外,本章亦包括美国某些顶尖公司用于激发和鼓励员工的计划和策略——一种培训和指导现在员工的模式。

焦点解决教师不会让无数的问题阻碍他引导学生用适合的方式构筑世界的热情。更确切地说,焦点解决教师会将关注点放在当世界变得更好的时候,并且将这些时候视为例外。焦点解决教师总是做着有用的事。祝福你!

琳达·梅特卡夫

目　录

推荐序（一）　许维素　/ 1
推荐序（二）
　　让焦点解决之光洒向每一间教室　史占彪　/ 3
推荐序（三）
　　自然亲切　启智导行　王伟宁　/ 6
译者序　钟爱芳　/ 9

致　谢　/ 12
原　序　琳达·梅特卡夫　/ 14

第一章　焦点解决取向的班级　/ 1
　　焦点解决教师的不同方法　/ 7
　　焦点解决取向如何激发动机　/ 9
　　发展焦点解决策略　/ 12
　　让学生成为专家的确有用　/ 15

在学校使用焦点解决策略的指导方针　/ 16
　　总结　/ 39
＞＞练习活动　/ 40

第二章　利用语言为学生成功创造可能性　/ 43
　　通过改变对话来改变结果　/ 47
　　"学生、教师、家长"的关系：最有力量的工具　/ 49
　　创造解决式谈话的自由　/ 50
　　建议教师改变消极的假设　/ 53
　　什么样的差异造就了不同　/ 63
　　这些例外的时刻　/ 66
　　外化问题以找到解决之道　/ 68
　　鼓励学生战胜问题的其他方法　/ 71
　　刻度问题的大小　/ 73
　　让焦点解决的例外在课堂中发挥功效　/ 75
　　总结　/ 75
＞＞练习活动　/ 76

第三章　与具有挑战性的学生共事　/ 81
　　重新训练有挑战性的学生　/ 84
　　个人技巧在教室情境中的应用　/ 85
　　班级困境的解决之道　/ 91
　　对抗的结果　/ 94
　　遵循 R.E.S.T. 原则　/ 94
　　"初次谈话的标准化任务"实验　/ 96

就在今天，接近一个学生 / 102

在理解具有挑战性学生的路上 / 115

用于以能力为基础的谈话建议 / 116

与有消极想法的学生一起工作 / 123

总结 / 124

＞＞练习活动 / 125

第四章 学校"例外"项目：改变师生关系 / 129

"例外化"的教师 / 131

团队会议的一种新尝试 / 132

三条对学生有用的原则 / 132

我们不能再等了 / 134

学习与学生合作 / 135

仅仅是语言上的不同 / 136

建构可以很自由 / 137

转介学生是相互合作的好机会 / 138

寻找学生解决之道需要记住的三个观点 / 142

继续加强 / 143

更多供教师使用的简易策略 / 147

反转压力：激励学生去影响其他学生 / 148

应对反抗学生 / 150

家长会议：一次邀请父母合作的机会 / 156

总结 / 157

＞＞练习活动 / 160

第五章 面对学业困难的学生 / 161

不顾一切地寻找"黄砖路" / 163

多元学习模式已经到来 / 165

发现专家教师 / 168

你的英语课会有金属乐队或莫扎特吗? / 169

改变描述方法,就能改变结果 / 171

创造新的描述 / 172

办公桌不是禁止靠近的 / 173

成功阅读不需要巫师的帮助 / 176

当家长对提供协助不感兴趣时,能做些什么 / 185

职业或学业规划的路径设计 / 186

总结 / 186

＞＞练习活动 / 193

第六章 换个角度看待被诊断的学生 / 195

了解诊断背后的事实 / 197

诊断只是另一种语言 / 198

重度抑郁症——了解这种悲伤 / 199

对立违抗性障碍——孩子太大胆 / 201

注意力障碍综合征——重新疏导能量 / 203

品行障碍和反社会人格障碍——孩子们挑战社会规则 / 206

分离焦虑和学校恐惧症——有时候只是难以离开 / 210

帮助受虐待的学生慢慢走出阴霾 / 213

经历失去挚爱的学生 / 216

学习障碍的学生 / 217

用头脑风暴法讨论新的方法　/ 224

　　总结　/ 225

＞＞练习活动　/ 227

第七章　激发动机的训练　/ 229

　　焦点解决取向的训练方法　/ 231

　　动员会议　/ 232

　　直到真正结束　/ 233

　　没有和解就重返学校，几乎不会有用　/ 235

　　教师构建关系问题　/ 235

　　休学暂缓　/ 238

　　这是真的吗　/ 238

　　与问题取向学校的对照　/ 239

　　焦点解决训练指导表　/ 240

　　团队合作改变系统和学生的名誉　/ 241

　　通过改变系统来改变学生　/ 245

　　总结　/ 246

＞＞练习活动　/ 247

第八章　培养学生的社交能力　/ 249

　　认识小学校园中的社交能力　/ 251

　　谁是最负责的人　/ 256

　　在中学设置导师机制　/ 257

　　影响高中生　/ 259

　　帮助高中学生提高社交能力　/ 261

　　　　创造让学生学习社交技能的课堂　／262

　　　　焦点解决取向的冲突解决法　／262

　　　　总结　／265

＞＞练习活动　／267

第九章　创造焦点解决取向的学校：为管理者提供策略　／269

　　　　创造愿景　／272

　　　　焦点解决取向的角色扮演　／273

　　　　在学校中建立信任　／277

　　　　赢得参与　／283

　　　　教师评估　／284

　　　　学习，不断学习　／285

　　　　培养创新能力　／286

　　　　促进统一　／287

　　　　总结　／288

附　录　／289

参考文献　／292

第一章

焦点解决取向的班级

> 世界上有两种人:一种人走进房间,说:"我在这里!"另外一种人走进来,然后说"喔!你在那儿!"
>
> ——古人名言,无名氏

乔丹老师，喜欢放学后在学校多待一会儿。她的学生从不认为她很轻松。当乔丹老师在走廊上走过，常常可以看到至少有两名学生围在她身边，与她交谈。学生们喜欢这样做，认为她是一位可爱、亲切、公正、和蔼的老师。此外，乔丹老师常常会受邀担任聚会负责人，或者是未成年人舞会上的行为监督人。她爱她的学生和她的工作，她的行动也显示了这一点。

汤姆是一名学生，不过没人认为他有美好的未来。他注意力不集中，很少参与班级讨论，又常常忘记交家庭作业。作为一个17岁的高中生，汤姆的名声并不好，而不良的声誉又使他失去了很多机会。作为一个中等生，汤姆常常因为缺少复习准备而无法通过大部分的课程。有时他虽然通过了考试，却因为没交家庭作业，还是不能通过考核。总之，他的麻烦太多了！汤姆还有其他更重要的事情要做，例如为了赚取零花钱而在晚上兼职打工。然而，因为春季田径赛的缘故，汤姆放学后更愿意待在学校。在田径队中，他跑得最快，仿佛有一种无法阻挡的王者风范。

在田径决赛前一周的一个下午，汤姆教练来找乔丹老师。当时，乔丹老师正在给汤姆的法文课打分。他的成绩离通过考核还差5分。根据州立法规的要求，如果要参加课外活动，学生就必须通过课堂测验。汤姆教练不想为难乔丹老师，说："就让汤姆考试通不过吧！"乔丹老师为此很纠结。她知道汤姆家境穷困、父母离异，因此他不得不在晚上努力工作。这样一来，白天上课时他就会很疲倦。不过，他对自己还是很有礼貌的。当汤姆感觉良好时，乔丹老师也发现他能有较好的表现。有时候，她在班上不断鼓励汤姆，甚至大部分时间站在他的书桌旁。当她提醒他上交课堂上完成的作业时，他就会上交。乔丹老师知道他有这个能力,而且他也曾在汤姆考试拿到好成绩时,看到汤姆眼中流露出来的得意。

乔丹老师也知道汤姆有机会拿到田径比赛的奖学金,而这种机会可能会让他拥有一个美好的前程。汤姆在最后两项田径比赛中名列前茅,田径教练告诉乔丹老师,如果他在高二时仍能赢得比赛,那么他就有机会得到全额奖学金。乔丹老师知道,汤姆将会是他们家第一个考上大学的人。不知怎的,乔丹老师觉得用不合格的成绩"给他一个教训"是不适合的。她觉得汤姆是一个需要机会的人,因此她开始思考:"我对这个学生抱有什么样的期待?"她觉得比起给他一个"教训",汤姆更需要的是一个能信任他的人。最后,乔丹老师告诉汤姆教练,她会让汤姆通过法文课考试。

最后,汤姆不仅赢了洲际田径赛,而且法文课考试也通过了。几天后,他的电脑老师惊讶地发现,平常沉默、安静的汤姆肩膀动个不停:他注意到汤姆正在写信给乔丹老师。

乔丹老师是美国德克萨斯州阿灵顿地区的一位老师,当时刚到这所学校第一年,因为汤姆的事她在学校出了名。就像我们所有人一样,乔丹老师对她的学生满怀希望和梦想,但是她追随作为原则的教育计划的幻想时常破灭。按照她的直觉,这些教学计划并不总是能给学生带来最大的帮助。大多数教学计划不适合问题学生。因此,乔丹老师更喜欢思考像汤姆这样的学生学得更好的时候,并关注那些好的时候以寻找解决方法,而不是寻找他们表现不良的原因。几年前,当乔丹老师在我的一门大学教育课上,面对一百多位学员报告汤姆的个案时,她问同学们:

"我做得对吗?"

班上的学生沉默以对。当我为乔丹老师鼓掌时,我看到班上约有50%的学生流露出困惑的表情。在乔丹老师汇报完她的成功个案后,学生们详细讨论了身为教师应具备的一致性、权威性、对其他学生的公正性,以及一些原则、规则、政策等方面的内容和疑问。

"我们要怎么做才能如此有创新性地进行干预?"

"激发和鼓励学生就真的这么简单?"

"我想她做的事真令人难以置信。你能想象如果其他老师也采取这种个性化策略的话,将会发生什么事吗?孩子们可能会觉得被理解和被关心。"

"你会觉得更有能力。她和学生一起冒险……而那就是我认为我们应该做的。"

如果能注意到学生的能力(即使这个能力微不足道),并且将这些观察带入与学生的对话中,然后通过行动表达出来,从而产生新的、个人化的介入,就能导致这样的差异吗?这像在描述一个完美的教育环境,它听起来太简单了。那么,为什么我班上的学生会挣扎于该如何执行这样的方案呢?乔丹老师并没有破坏任何规则,她只不过为汤姆创造了一个机会,让汤姆可以对自己有不同的看法,从而引出了不同的行动。一周后,当乔丹老师带着汤姆所写的信回到课堂上大声朗读时,她获得了更多的支持,而我则有机会在我的班上讨论班级管理的新方法。乔丹老师的思路很清晰:在面对一个能力在平均水平以下的学生时,她希望能够鼓励他,提高他的能力,并且完全信任他。这需要用不同的解决方法和思维方式才能产生不一样的结果。

乔丹老师:

我知道,您这样帮我会给您造成很大的困扰,但是我和我的未来都"谢谢您"。我答应您,您的这番好意不会付诸流水,我会用法文课和其他所有课的成绩来回报您。除了感谢您,我也要为过去一年里我所惹的麻烦向您道歉,因为这些麻烦常常将您置身于尴尬的境地。我写信给您,并不是因为得到了60分的关系,而是我想告诉您,我愿意多做一些努力。让您经历这些,我真的感到很抱歉,我保证它"绝对不会"再发生了。在看到这样的事是如何影响您之后,我想到您的办公室告诉您:失败完全是我的责任,请您不要担忧。但是我找不到您,而十分钟后教练告诉我,我可以参加决赛了。您知道我的生活有一点困难。上帝给了我跑、跳、抓和思考的能力,但不幸的是,我只在田径场上才用到了思考。多年来,成为一个伟大的运动员是我所追求的梦想,它已深深地烙在我脑海里,所以我真的不知道如何去读书、学习。我的问题多半是出在我不喜欢请求别人帮忙,除非我做了一些自己认为值得被帮忙的事。我为卡蒂做了很多事,那就是为什么我会很自在地请求她的帮忙。我只相信凡事求人不如求己,但这对我有害无益,所以我会尽力去改变。对于您的帮忙,相信不久之后,您就会看到好结果。再次说一声,谢谢您!

汤姆

我班上那群未来的教师讨论了这个过程中所体现的"焦点解决理念"是如何鼓舞了乔丹老师愿意尝试用不同的方式对待汤姆;我听到这些讨论时,感到非常开心。学期刚开始时,我就处处暗示焦点解决理念,使这些理念成为纪律、计划及班级管理的教育学基础。在分别就不同概念谈论各种不同情境的过程中,我注意到许多未来的老师对"如何教导或改变那些原本需要惩罚的学生,可以有哪些不同的方式来对待他们"饶有兴趣。他们喜欢个人的、正向的会谈。于是我便问他们:

"如果你有一些朋友或家人都认为很棒的人际技巧,这些技巧也是你本身具有的重要特质,而你准备在课堂上使用它们的话,你会做些什么呢?"

同学们接下来的反应提醒我,在他们每个人心中,都真诚地希望把自己最棒的一面展现给他们的学生：

"我会保持积极的态度，这样一来，对话氛围就会比较友好。"

"我会保持一定的灵活性，学会个性化地看待每个学生。"

"我一定会额外花些时间去思考我想要达成的目标是什么，该采用什么样的方式则要依据学生的个别状况来确定。"

"我会假设每个学生都是好人，他只是需要额外的鼓励……我会给学生安排他感兴趣并有能力完成的任务，从而发掘他的潜力。"

"我喜欢思考什么是学生能够做的，而不是什么是他们无法做的；当我这样想的时候，气氛就会改变。"

按照焦点解决取向进行思考时，教师自身拥有的人际技巧能够扩展他们的选择，因为解决之道蕴含在老师自己和他们的学生身上。这些"未来的老师"已经不再局限于奖赏和结果。相反，他们了解到，在教室里会遇到各种困难，同时也会有许多种解决方法，只需根据不同的情境做出不同的反应。

◉ 焦点解决教师的不同方法

焦点解决教师在处理问题的方式上是不同的，就像乔丹老师，会从"胜任能力"而非缺陷的角度来看待学生；她没有替学生或他的父母解决问题，而是运用学生的能力引导他得到解决方案。乔丹老师认为，教师的任务就是要仔细观察学生的优势，让学生也能相信自己。事实上，她只需发现学生的能力，而完全不用提学生的缺点。这个方法使老师获得了学生更多的合作性行为，因为这通常会让学生感受到老师对其的支持。行为修正（behavior modification）方法与焦点解决方法最大的区别在于：使用行为修正方法的老师只在学生做得很好时才给予赞美，赞美只是为了强化学生的行为；而乔丹老师则抱着惊讶、好奇和欣赏的态度称赞学生的表现。我们可以从以下描述中观察二者之间的不同点：第一部分是"行为修正方法";第二部分是"焦点解决方法"。

行为修正方法

小　学：同学们,你们下午的表现都非常好,能够保持安静的气氛,为此我会让你们在自然科学中心多留十分钟。

初　中：苏,我知道你是一个好学生,我很高兴你在我的班上。虽然你生物课的考试分数合格了,但是家庭作业的成绩却很低,所以你还得努力提高你的家庭作业成绩,才能在这个学期过关。

体育课：好小子,今天足球练习得很好。你们比昨天表现好多了。

特教班：查理,你今天早上做到了乖乖地待在自己的座位上 —— 这样一来,今天早上就不会像昨天一样和乔纳森发生冲突了。你表现得很好。下午放学后,你会得到一个奖赏。

焦点解决方法

小　学：同学们,你们真令人惊叹！（环顾班级一周）苏西,你和吉米的分享方式让我非常感动;李,我从未看过任何一幅画能够像你画的这幅这么有创意;吉米,在整个实验过程中,你能够一直坐在自己座位上。今天你们大家是怎么让工作做得这么有效率的？（等待回答）下午你们所有人都可以在自然科学中心多待十分钟。

初　中：苏,你的考试成绩真优秀。在我的成绩簿上,我注意到这学期的前六周,你都能记得交家庭作业。当时,你做了哪些事来帮助自己交作业的？在班上,我们又能做些什么来帮助你完成作业呢？

体育课：好小子，你们今天的表现真是让人难以置信。今天下午你们是怎样让这个团队有如此大的转变的？

特教班：查理，你今天让我很惊讶！我注意到你是怎么让自己坐在椅子上，并且没有让乔纳森分散你的注意力！哇！你是如何做到的？

第二种方法的问句让学生感受到，他们是掌控自己行为的专家。在老师眼中，他们的成功是由自己创造的。学生和家长会看到老师的努力，而且，老师困惑或惊讶的表情对于学生和家长来说是一项很大的赞美！当学生感受到他们做了一些连老师都无法解释或了解的事情时，他们就会变得更有动力去改变；就像"学生要挑战教师"这样的古老传统 —— 我们为什么不和那个传统合作呢？

◉ 焦点解决取向如何激发动机

为了进一步了解焦点解决取向与单纯的积极有何不同，我们可以对问题聚焦取向与焦点解决取向进行对比，以深入了解焦点解决取向究竟是如何引发学生的动机的。以下描述的问题聚焦策略是教师常用来刺激学生完成家庭作业、集中注意力、获得好成绩或者激发潜能的方法。当你在阅读时，请留意有无解决方法或策略。

无效的问题聚焦策略

"苏，你有这能力，你只是需要展现你自己。"

"乔希，对于你在我班上不交作业，我感到很遗憾。你知道交作业的时间，要不要做作业是由你决定的。"

"贾马尔，当你准备好要去工作时，请告知我。我会帮助你，但做不做

> 这项工作由你自己决定。"
>
> "黛安,我希望你今天准备好来上课,你在拖整个班级的后腿。"
>
> "凯,我再也不能容忍你的不良行为了。如果我下次布置作业时再发现你在说话,我就要请你去办公室了。"

在这些情节中有蕴含什么答案或策略吗?没有。学生只会知道他们做错了。学生告诉我,这些状况让他们"觉得很糟"。相当有趣的是,其实每个学生都知道自己做错了。我一直从学生或家长那里听到,他们会打电话问老师,他们在家能做些什么。在一些案例中,父母甚至连电话都没打,因为他们对孩子的表现不感兴趣,而且觉得他们的儿子或女儿必须首先发生改变。当学生对提高成绩几乎不付出一点点努力,而老师的态度变得更为沮丧时,这又会影响到其他学生。然后,老师可能会觉得这是一次失败,只好将学生转介给咨询师或特殊教育课程;或者可能会决定不做任何尝试而只是等待,直到学生"决定"尝试。老师可能甚至会决定不去试着帮助这名学生,除非看到学生在尝试改变。而这样的过程,会让每个人(包括学生、老师、家长)都感到受挫。

焦点解决教师在与学习有困难的学生会谈之前,会思考自己是以"学生的学业生涯"为目标的。教师尝试改变思考的脉络,从一个"失败"的角度(问题聚焦)转到从"希望"的角度(聚焦解决)来看待事情。焦点解决教师不会放弃寻找学生身上的优点(即使这个优点相当微小),同时也会试着用不同的表达方式与学生进行交流。请注意当使用焦点解决取向时,相同的情景如何产生不同的改变。

有效的焦点解决策略

> "今天早上我看了成绩簿,苏,我了解到在六个测验中,你通过了四个。我也发现,你总是准时完成图书室指派的工作。当你将事情放在心上时,

你肯定能够做好,周五将进行本学期最后一场考试,我很好奇你会用什么方法让你的能力可以体现在你的成绩单上?"

"乔希,我注意到你在步行来校的途中非常尽责地照顾你弟弟,我也看到你一直记得照顾教室里养的鱼,你确实是个负责任的学生。你在最后两天也交上了你的家庭作业,这让我印象深刻。你觉得我们该用什么样的方法,才能让你明天继续记得交家庭作业呢?"

"贾马尔,我很愿意帮助你提高几何成绩,你前六周有两次成绩是'乙',这证明你有能力通过这门课。但现在看起来你好像脱离常规了。以前我们在班上做了什么,使你能够正常发挥?你又可以做些什么来帮助自己呢?"

"黛安,你的成绩(57分)已经很接近及格线了……你只差3分。我记得上学期当你坐得靠近讲台、专心上课时,成绩就会进步。我不知道现在是否也可以通过这种方式来帮助你得到这3分?"

老师邀请凯暂时跟她离开教室——特别是在她给同学们安排家庭作业之前,然后说:"凯,我很欣赏你今天早上能够自愿走进教室,并且听了刚开始上课时的一些内容。当你跟全班同学一起听课时,就可以帮助我来教你知识。你是我们班上很重要的学生。我希望你知道,我很珍视你的努力。"

在这里值得注意的是,现在,师生之间多了更多合作性谈话,而非只是多了正向或强化性的回应。焦点解决对话将学生置于专家的位置;而在问题聚焦对话中,教师是描述问题然后决定策略的人。一些问题聚焦策略的麻烦是,这些策略是别人的,学生可能无法执行或不愿执行。在焦点解决取向中,教师只需通过简单的观察去发现学生展现某种能力的时刻,并且将这些发现用关心和惊奇的方式传达给学生,如此一来,这个策略就会变成学生自己的,被执行的可能性也更大。

乔丹老师帮助汤姆通过法文课考试的策略,对他来说是一个不同的经历;她将更多的焦点放在汤姆过去的能力而非现在的困境上,同时又传达了她之前已看到汤姆通过课程的方式。汤姆以前从不曾得到过一次可以增加5分的机会,只知道自己做得不够好,并且应该努力提高成绩。乔丹老师对他的"信任"让他感到惊讶,于是抗拒渐渐消失,改善的动机便慢慢浮现。乔丹老师乐意采用一个新的取向来对待汤姆,因为这能够向他表达出一种信任。这种信任,对他而言,是老师的一种激励与推动,却让他感觉不到老师的任何介入。当汤姆发现老师信任他能够把握机会时,他便开始对自己有了更多的责任感,因为在这个过程中,他感受到了自己的重要性。为了营造汤姆所感受到的这些气氛,乔丹老师需要思考和计划以下所列的焦点解决策略。

◉ 发展焦点解决策略

1. 我和学生合作的目标是什么?

帮助他建立信任自己的能力,使他在学习上可以表现得更好,并且通过这门课。

2. 在这堂课中,过去有哪些时候,我对该学生的应对方式是有用的?

当他被奖励、在布置作业前先跟他对话、并且鼓励他准时交作业时,他的反应是正面的,而且会按规定完成任务。我们在班上统一复习时,他通过了所有测验。

3. 除此之外,学生还表现出了什么能够通过年级考核的其他能力? 一般而言,他可以完成哪些任务？他的成功说明了他具有什么样的能力？

这个学生通过了第一学期的考核。虽然时常忘记家庭作业,但是汤姆通过了他的测验。他有能力,他似乎只需要老师额外的注意,而这种注意在每一堂课中只需2—5分钟即可。

4. 我如何有效地和他分享我对他成就的发现,以便他听到这些成就时,能够受到鼓舞？我怎样帮助他再次发现自己的成就呢？

我可以跟他一起回顾过去在年级成绩簿上的成功经验,来表达我对他的信赖,然后给他布置可以让他完全展现能力的计划或工作,让他有机会继续展示自己足以完成任务的能力。

5. 这个过程怎样开始一小步,使得汤姆可以更成功？

在我分享对他的观察之后,可以问汤姆:什么是对他有帮助的？ 我将布置给他额外的任务,让他有机会获得5分,同时再与他分享:我相信他可以做到,因为他之前已经做到过。

乔丹老师使用这个策略,根本不需要花费精力查阅资料以尝试理解汤姆为什么会失败,也不需要质疑或挑战汤姆和他的父母,令他们产生不舒服的感觉。更重要的是,乔丹老师不需要给汤姆提出新的学习策略。汤姆是有可能成功的,这在他以前的学习中已被证明;汤姆可以通过了解自己以前的成功之处来寻找解决之道,比起乔丹老师建议的方法,这样更适合他。乔丹老师只需要向汤姆指出,他成功过关的这些实例,并且用一种令人惊讶的态度来鼓舞他即可。(当教师要使用焦点解决策略来进行头脑风暴时,可以参阅以下可重复使用的"教师工作表"。)

发展焦点解决策略

教师工作表

1. 我和学生合作的目标是什么?

2. 在这课堂中,过去有哪些时候,我对该学生的应对方式是有用的?

3. 除此之外,学生还表现出了什么能够通过年级考核的其他能力?一般而言,他可以完成哪些任务?他的成功说明了他具有什么样的能力?

4. 我如何有效地和他分享对他的成就的发现,以便他听到这些成就时,能够受到鼓舞?我怎样帮助他再次发现自己的成就呢?

5. 这个过程怎么开始一小步,使得该学生可以更成功?"

◉ 让学生成为专家的确有用

研究指出,当当事人能够描述自己为什么要寻求帮助,并有机会深入探讨他们来咨询的目的——而非"专家"认为他们应该怎么做时,当事人离开时会比较满意(Metcalf & Thomas, 1994)。如果教师不能引发学生的成功,教师的介入就会变成一种与学生的拉锯战。帮助学生变成自己学校生活的专家,可以尝试以下提问。

奇迹式谈话技巧

"在学校,你希望事情可以变成怎样?"

"假设今天晚上当你去睡觉时发生了一个奇迹,你第二天起床后发现你的学校生活顺利多了,这时在学校会有什么不同?那会对你有多大帮助?"(De Shazer, 1988)

"当学校生活对你来说比较顺利时,谁会最先注意到?他们又会看到你有什么不同?"

有时候,学生和家长企图对问题进行更深入的探讨,以确认"问题的成因是什么",这是很常见的情况。焦点解决教师了解家长或学生的需求,并通过做出如下表述与他们进行合作:

"如果知道乔纳森为什么不能把书读好,对你来说有何帮助?"

"假设没有其他可以给乔纳森上的课程,基于他过去的成就或他在其他课上的小小成功经验,你会建议他可以开始尝试的一小步是什么?"

"身为他的父母,你最了解他。请想一想:在他生活的其他领域,有什么事情可以激励乔纳森?你会建议身为老师的我做些什么?"

> "根据你在其他时间与他接触的经验,你认为在家里做些什么,对他会有帮助?"

这些问句将责任回归到与学生有密切关系的重要他人身上。与把"问题丢给老师"不同,家长和学生会因此而少些依赖、多作计划。这时候,教师可以根据学生的成绩簿和观察到的学生在教室中的行为表现,发现哪怕是很微小的优点,从而建议学生采用最有效的学习方法,而这种方法就会比较容易被接受。分享这样的信息,可以同时减少家长及学生的抵触感,改善彼此关系,使氛围变得融洽,并且将教师塑造成正在努力推动成功的角色,由此表达出对学生的尊重,以便教学工作能够较为平顺地开展,而且比较容易指正学生的问题,如此一来,学生的对抗也会慢慢减少。对焦点解决教师来说,与其指出什么是"没有效的",不如寻找什么是"有效的"。让学生敏锐地察觉到教室是一个使人"备受重视"的地方;感受到"备受重视"的学生就会积极进取,愿意尊敬老师。

制订有关校园焦点解决取向的指导方针,有助于教师更容易地了解如何在教室中使用焦点解决策略。在阅读指导方针时,要记住这些想法不仅仅是策略或问题,还是"不同的"认知、思维及后续行动。这些使你有机会看到自己和学生身上存在的那些将会指引学生迈向成功的各种资源。这个指导方针参考了吉澳·汉隆和韦纳·戴维斯(1989)的观点。

● 在学校使用焦点解决策略的指导方针

非病理学角度提供了更多选择

在如今的学校中,儿童和青少年常常被描述为忧郁的、好动的、情绪障碍的、易怒的、焦虑的、药物依赖的,或身体虐待、家庭暴力的受害者。用这些问题聚焦方式看待学生,将会限制学生和教师,因为这些观念暗含着这样一种意思:"他无能。"例如,一个被贴上"注意力缺陷多动障碍"(Attention Deficit Hyperactivity Disorder,简称ADHD)标签的学生,也可以被看作是一个"精力非常旺盛"的学生。

> "乔恩,我知道你精力旺盛使你无法做你的家庭作业,但是,我注意到今天早上当你一个人坐在教室中间的座位上时,你顺利地完成了造句任务。为了完成这项作业,你认为我们现在应该怎么做呢?"

这个认知和谈话的改变暗指两件事:
1. 精力是能被控制的。
2. 乔恩可以完成他的作业。

即使乔恩是一个几乎不会做作业的学生,只要当教师用不同的方式和他对话,也可以使他对自己的印象发生改变,好像精力是独立于他的实体,是精力有问题,而非他"是"(being)一个有问题的学生。

为了能够有所帮助,并不需要提升洞察力

为了鼓励学生完成家庭作业,以下有两种提问方法可供参考,请留意两者之间的区别。

> "你没有通过社会课考核,我不知道是什么地方出错了。你知道吗?

> 你勉强通过了测试,不过你的论文无法通过。发生了什么我需要知道的事吗?"
>
> "你曾经在其他课中稍稍偏离过常规吗?告诉我,你可以做些什么使你能够回到正轨?"

第一个问题充满了质疑与挑衅,第二个问题则暗示学生可能已经有一些答案了。看到学生过去的成功,并鼓励学生了解他们之前是如何办到的,这样做才具有现实意义。当教师实施一项鼓励全体学生积极上交作业的课程计划,并获得了学生强烈反响时,那么之后的课程计划也可以以此为参照。问问自己:"在星期二,我是用了什么教学方式给我的第三期学员讲这个单元的?为什么在那个班效果会如此不同?"这些问句的答案即暗含了"成功";你甚至可以去问你的学生 —— 他们会告诉你!

不需要了解如此多的抱怨

学生白天与你交流的时间,远远多于和他们的父母或其他家人;一些学生甚至会好几天无法看到他辛苦工作的父母。你不可能把所有时间都花在了解学生的家庭生活上,但是你可以用焦点解决取向的会谈方法来帮助学生。

例如,有一次,一位相当富有同情心的老师跟我提到一个被家人忽视的初一学生,她每次想哭的时候都会黏着老师,这位老师试图和她谈她的"难过",但学生保持沉默。最后,老师简单提到,她的女儿们年轻时也经常难过。她告诉学生,即使她现在不想谈这个问题,只是偶尔想要获得关注,这也没关系。然后,老师聚焦在"难过"似乎较少的时候,并与学生一起进行了探讨。最后,这个学生打开心扉,交谈也更为顺利。这种合作关系看起来减少了学生的抗拒,而且老师在不探究细节的情况下,仍然发挥了作用!

学生和家长有的只是抱怨而非症状

我曾经遇到过一位离了婚的父亲,他担心十岁的儿子患上了严重的心理疾病。当父亲不按照儿子的方式行事,或要求儿子做他不喜欢的事情时,儿子就会出现"爆发性的哭泣"。但是,儿子从未在学校或在做他自己喜欢做的事时爆发哭泣。这个父亲的教育方式是非常开明的,当儿子变得心烦意乱时,他会给儿子很多自主的选择。通常这位父亲会停止他手头上的事情来处理儿子的爆发性行为,这种爆发性行为频繁发生于就寝时间,以及拜访他的母亲之前。顺便提一句,儿子继父的教育方式则比较严格。

用焦点解决取向与这位父亲一起工作后,我开始注意到一个有趣的现象——他的儿子几乎不会在他母亲家或是学校里爆发哭泣,因此我想找出这些环境因素意味着什么。我邀请这位父亲观察孩子在没有爆发行为的时间。他留意到,当他没有时间全心关注儿子时,爆发性行为就不会持续很长时间。然而,他担心这些爆发是"有原因"的。之后我邀请父亲在下周开始用不同的观点来思考——儿子的爆发行为代表着他在拒绝一些不愉快的事,而不是因为有精神问题。然后,我和父母双方见了一次面,将焦点放在其他的"例外"上。父亲开始明白,儿子的爆发行为大部分只发生在他的家里。在一周内,父亲改变了他的行为——从原来顺从儿子的要求,转变为认为儿子只是拒绝做不喜欢的事。于是,他儿子的爆发性行为也消失了。

当学生和教师能明确自己的目标时,就会更有动力

注意下列对学生问题的回答是多么简单。这些回答只是:尊重学生、复述学生的关注,然后再提一个能够引发其责任感与胜任感的问题。

状况1:我只希望巴顿老师不要再来找我麻烦。

回应1:我相信你能做到! 他会说如果你做了什么事,就不会再找你麻烦?

状况2：如果拉泰瑞老师经常点我名字，我会在她的课上表现得更好。不过，我想她并不喜欢我。

回应2：我知道你希望她喜欢你。你明天试着观察，看看有没有一点点小小的线索可以提醒你，她可能会有一点点喜欢你。

状况3：学校真无聊。我什么时候才会用到化学课上学到的知识？我只是因为不想让爸妈烦恼才想要通过考试。

回应3：听起来这是一个很好的理由。你认为你需要做些什么，才能使你开始有可能通过化学课考试？

状况4：我的父母不了解英文是有多难，我不知道如何向他们解释，我快要受不了了。

回应4：以前当有事情困扰你时，你会如何告诉他们呢？

很明显，当教师关注学生过去曾有的成功经验时，这些回应方式就会变得很简单。如果经常鼓励那些愿意留在学校的学生，那么他们成功的机会就会增加。在特殊课程中的学生，只要他们提高一点点的分数，就意味着成功。对一个星期内惹三次麻烦的学生来说，只要一星期内惹的麻烦少于两次，他就是成功的。

一个小改变就会产生滚雪球效应

一位性格果断的老师告诉我两个高中生决定退学的故事。他们在退学前，曾公开发誓要让他们老师的生活过得十分痛苦，并说他们要到班上进行彻底的破坏。这位老师和他的同事开会，建议每位任课老师每星期写一张卡片给这两个男孩。当他们走进教室时，慎重地递给他们。这是老师们最后尝试挽留这两

名男孩的方式。这些卡片的内容是老师们对这两名学生的一些想法:

> "你今天来上我的课了,能够见到你真好!我很高兴你坐了几分钟,并且听了一些内容。"
>
> "今天早上我很珍惜你的'嗨'!我原本有一个心烦意乱的清晨,而你的'嗨'让我的心情好了许多。"
>
> "你让我想起几年前我的一名聪明的学生……一开始,他不清楚如何向我表现他的能力,但是我知道他有很多潜力。无论何时,当你准备好要表现出你的能力给我看时,我就在这里。"

这两名学生没有退学,他们在这个教室安心地待了下来。老师们也花了一些额外的努力,有针对性地帮助他们赶上功课。

复杂问题不需要复杂的解决方法

肯尼,12岁,前7年在学校一直服用治疗"多动症"(ADHD)的药物。最后,肯尼的医生找到了两种似乎对他有用的药,但是,他的老师只关注他缺乏组织能力和无法上交家庭作业的情况。

当我和肯尼及他妈妈见面时,肯尼带了他的新文件夹(这些年妈妈帮他买的众多文件夹之一)。在我的办公室里闲逛一阵后,肯尼终于能够停下一段较长的时间来向我展示这个文件夹。文件夹里面有八个小夹层,除了"皮筋"层之外,其他层都是空的。"皮筋"层里面收录了肯尼开学以来收到的每一份带皮筋的文件。

梅特卡夫 1:肯尼,这真是太神奇了。告诉我,这些皮筋是如何帮你收藏你的文件的?

肯尼1：我喜欢皮筋。
梅特卡夫2：所以当你喜欢某些事,你会花注意力在上面?
肯尼2：当然。

肯尼的妈妈继续说着关于肯尼如何不交家庭作业的情况。他通常会忘记带作业回家,即使带了,也很少能够完成。不过,我要问的是肯尼在家做其他事的情况。

妈妈1：他会帮忙做事,只要叫他做他就会去做,他实在是个贴心的男孩。
梅特卡夫1：我相信。你是如何让他去做事的?
妈妈2：只要他理解我的意思,他就可以做到。

我向肯尼和他妈妈说明,肯尼确实有能力做个好学生,因为当他知道应该要做事或做他喜欢的事时,他就能办得到。我要求妈妈(在肯尼面前)如果不介意,下星期可以和肯尼一起去学校一到两次,然后确定肯尼是否理解他应该要交家庭作业,以及如何带老师布置的新家庭作业回家。当肯尼认为妈妈没有必要到学校时,我向他保证,妈妈只在他忘记交家庭作业时才会去。我请妈妈告诉老师,只要肯尼忘记交作业,隔天必须将这个消息告诉妈妈。当肯尼记得交作业时,也请老师记得赞美他。

妈妈只去了肯尼的学校一次。下一次当肯尼到我的办公室时,所有八个小夹层中都是满满的作业。

符合学生的世界观,就能减少抗拒、增进合作

初中生凯伦对历史课不感兴趣。她父亲与凯伦的老师交谈了一次,并在凯伦面前说了一些十分伤人心的话。显然,凯伦父亲的高期望造成了相反的效

果,促使凯伦更强烈地反抗。原来她的成绩在"乙"左右,但现在她很可能通不过历史课的考核。这是一个很棘手的情况,但是,通过用不同方式与凯伦父亲讨论凯伦的情况,有效地帮助他降低了对凯伦的高要求。

老　师:凯伦,回顾这整个学期,我想起你在这学期刚开始的一些事情,我想告诉你父亲。史密斯先生,你女儿是我班上最有才能的学生之一。她总是对我有礼貌且尊敬我,你应该为她感到十分骄傲。我猜,我们有时候都会觉得某件事很无聊,而凯伦也只是这样而已。我很愿意帮助她重新找回兴趣,让她可以恢复以前的表现,且像其他学生一样变得自信,况且她之前就是靠自己做到的。

老　师:凯伦,即使你现在觉得无聊,不过对于你能来到班上,并且能认真地听讲,我印象深刻。你是如何做到的?

凯　伦:我必须来,因为我想要毕业。

老　师:好理由!

父　亲:但是她几乎快要不及格了。

老　师:史密斯先生,你对凯伦帮得上忙的。不过,我也好奇,你的担忧和督促凯伦的方法对她是否有帮助呢?

父　亲:我猜是没有……这就是我们在这里谈话的原因。

老　师:我想要邀请你开始做一些不同于现在的事。我想请你像这学期开始时那样对待凯伦,相信她是个能够成功的学生,只要尝试一个礼拜就好。凯伦,你需要做一些事,让你的父亲了解真实的你是个什么样的人……你是能够毕业的。

在这短短的交谈中发生了什么？老师就像凯伦的父亲一样尝试了解她。要求父亲"退后一步"应该会比较简单，但是通常父母的期望很高，很少愿意这么做。他们似乎觉得努力督促孩子才是正确的行为。不过，问父亲："这个策略有用吗？"他的否定就给了老师建议他尝试一些不同作为的机会。然后，老师为凯伦再度能够表现出她的能力做了铺垫。在这样的气氛下，凯伦成为让自己成功的专家。凯伦的成绩开始有所回升，她的老师也给了她肯定。

通过与学生合作来解决问题，提升学生的动机

一个是有"学习障碍"的学生，一个是正面临"学习困难"的学生，对待这两种人我们会有何不同？为什么我们说他是"一个偶尔被生气困扰的学生"，比说他是"一个爱生气的学生"听起来让人更有希望呢？这就是语义上的差别。问题聚焦取向会认为"学生本身就是问题"（The student is the problem.），而一位焦点解决教师则认为"问题本身才是问题"（The problem is the problem.）。

在一个春天的早晨，一位幼儿园老师迎来了一个五岁的孩子。这个孩子由妈妈陪着，妈妈皱着眉，说儿子迈克已经读过多所私立幼儿园，但因为暴躁的脾气惹了一些麻烦。现在转到公立学校，她担心他的坏脾气会继续惹麻烦。她已经与这个学校的咨询师会面过，咨询师也答应要帮助老师。这位有爱心和耐心的老师向妈妈保证会没事的。

几天之后，这位老师就失去了耐心。每天早上 10 点左右，迈克就会发脾气。当学校咨询师来帮忙时，迈克通常已将教室破坏到无法复原的程度。由于学校咨询师曾参加过一个我在他们学校举办的焦点解决专题研讨班，某一天早上，在八点之后，她采取了不同的方法。

老　师：迈克，你知道现在几点了吗？现在是 8:30。时钟上的长针从数字

12 走到数字 6，表示是 30 分钟。在这 30 分钟内，你是怎么做到远离暴躁脾气并不被它打扰的？

迈　　克：（凝视，不说话）

老　　师：告诉我，你能否再坚持 30 分钟……你知道，就是时钟上的长针从数字 6 走回数字 12。可以吗？

迈　　克：可以啊。（很惊讶，不过仍旧没有多说话）

30 分钟以后……

老　　师：迈克，你表现得真好……你现在已经坚持超过 60 分钟了，这样是"3600 秒"啊！你真厉害。告诉我，你衣服上的忍者神龟叫什么名字？

迈　　克：拉斐尔、米开朗琪罗、莱昂纳多和多纳泰罗。

老　　师：谁最厉害？

迈　　克：米开朗琪罗，他是他们之中最强的。

老　　师：迈克，你比米开朗琪罗更厉害，你让坏脾气离开了 3600 秒。你能继续保持吗？

迈　　克：可以，我很厉害的！

老　　师：是的，你真的很厉害！你可以控制自己，你意志力很强！你赢过那暴躁的坏脾气了。当时钟的短针走到数字 11，而长针走到数字 6 时，我会让你当我们的队长，领着我们大家去坐公交车。

迈　　克：哇！好的。

迈克暴躁的脾气消失了。两个星期以后，迈克的妈妈打电话给老师，惊讶于她儿子在学校发生了什么事，因为她的儿子是如此快乐。

当我们合作时,便没有所谓的抗拒

在与青少年对话时,有一段话是我非常喜欢讲的:

> "你的老师(或父母)误解了你,这是一件令人难过的事。你认为他们错过了什么?"

我喜欢这段话,因为它能够软化抗拒,并表达出"我是站在青少年这一边"的信息。青少年喜欢"他们是很重要的"这种感觉。肯定和接纳是获得青少年尊重和合作的不二法门。这段话是一种赞美,当然,也可以进行适当改编。

给一名成绩不及格的学生:

> "我仔细看了你的成绩,肖恩,我突然想起你曾在其他几门课中获得相当优异的成绩。我想知道,对于作为学生的你,这代表着什么?我想知道,你会怎么做以便再次获得那样的成绩?"

给一名抱怨其他老师的学生:

> "你的班主任不能像我一样看待你,这真是太糟了。我知道她用不同的方式管理她的班级,但是,你能否告诉我,如果你要向她证明你可以成为一名明星学生,那么你可以做些什么,就像你在我的班上一样?"

给一名无礼、爱顶嘴的学生:

> "杰克,我今天真的很想与你和睦相处,就像我们在今年早先时候一

> 样。自从开学三周以来,这是你第一次在班上对我说话态度不好。告诉我,在班上发生什么事可以让你保持好的心情和态度?我很有兴趣知道。"

给一名拒绝参与班级活动的学生:

不需对话,因为学生根本不会回答。反之,若要和缺乏合作意愿的学生建立合作关系,可以考虑在学生离开教室的时候,给她一张小纸条:

> 亲爱的苏西,我记得在本学期开始时,你在几何学的课上回答了一些问题,非常好,也显示出你在数学上的才能。六星期以前,你向我展现了你的能力,并且得到了一个"乙"。我盼望着再度看到你在班上积极活跃起来。
>
> 明天请早一点到我的班上,我们可以看看你需要补习的内容,这样,你的成绩就能反映出你是一个多么好的好学生。我期盼能与你对话。
>
> 约翰逊老师

有效,继续;无效,做些不一样的

在全国各地,有很多学生停课在家,并到替代学校接受再学习。细看这些特别的"热门档案",我们看到同样的学生一次又一次地接受这个项目安排。有些人可能会认为这些项目并不起作用,否则学生不至于重复参加这样的项目训练。显然,这个项目不具有任何威胁性,或者学生对此并不介意。相反,检查在替代学校环境中什么是有效的,反而会有帮助。以下是一些体验过替代学校项目的学生的观点:

> "这些班级是有结构和组织化的,我不得不完成我的功课。"
> "老师们很耐心很体贴,但是,你知道你必须遵守规则。"
> "教室很安静,我喜欢安静。不和我的朋友说话,我就能做得更好。"

看起来这里只有好处,如果问这些刚从替代学校回归的学生:

> "在学校,什么是对你有帮助的?这些我们应该知道。"

回答这个问题,往往能够得到令人兴奋的三个结果:

1. 由于现在的成功,学生会被迫变得更具胜任感。将替代学校环境中的有效因素通过口语表达出来,能够帮助老师从不同角度看待学生。
2. 当教师团队(所有教师都应该参与此练习活动,以达到最佳效能)都愿意成为最有用的教师时,学生会从不同角度看待他(她)原来学校的教职工。
3. 当学生被指派接受替代学校教育时,围绕着学生的负面评价会转变成对"当学生回归学校时,将会有什么不一样"的假设。

关注可能性和可改变性就能减少挫折

为了使多数问题解决取向的技术起效,必须要有一个目标。焦点解决取向在这一点上也一样。"不同之处"是说明目标的方式更明确具体,就像在录像一样。

注意下列不明确的目标,以及为什么它们难以达成:

> "我想在学校表现得更好。"
> "我要乔伊在运动场上不要打我。"

"如果我在学校快乐一点,事情就会变得更好一些。"

"我想我的数学成绩得'甲',而不是通不过。"

"我需要记得上交我的家庭作业。"

每个目标都有一个良好的意图,但是很少有关于采取什么行动的建议,如此一来学生仍旧茫然于不明确的目标。为了有助于设定目标,本·弗曼医生提出了以下供参考的练习。这些练习适用于家长,也适合学生。

1. 拿出一张纸,然后对折。在其中一边列出目前你(或你的小孩)在学校遇到的所有问题。
2. 打开这张纸。在问题对面的另外一边,写下你认为你"应该做"或"需要做"些什么来解决问题。
3. 将纸撕掉一半,丢掉问题。剩下的就是解决方法,这些就是我们该专注实现的目标。

另一种快速介入目标设定的方法是采用刻度化问句(De Shazer,1985):

"你怎么才能够知道,你在学校的状况得到了改善?"

"在 1—10 分之间,10 分代表你完全实现了目标,1 分代表你完全没有达成目标,你现在可以评几分?"

(画出以下刻度尺)

不成功 ──────────────── 成功
1 2 3 4 5 6 7 8 9 10

"下星期你希望自己可以评几分?"

"当你提升 0.5 分时,你将会做些什么?"

慢慢来，聚焦在那些导向成功的任务

虽然使用焦点解决策略可以"快速"发生改变，但永久的改变仍是需要时间的。通读本书，你会注意到，学生、教师及家长被要求尝试一些不一样的事情，而且每次时间至多一星期，为什么？因为若要求某人只在短时间内尝试某些事情，那么成功的可能性就会大很多。绝大部分人只能在短时间内做些不一样的事。这样做的重点是，我们能够享受过程，然后我们会受鼓舞，从而重复这个行为。以下是一些时间分配的指导原则，不同年龄的学生时间也不一样：

幼儿园学生：一个早上或下午

一到三年级学生：一天

四到六年级学生：一天或两天

初中学生：两天或三天

高中学生：三天到一个星期

另外，可以告诉学生这些新行动只是一个"实验"，所以允许失败或目标延迟。实验不是必须要成功或一定会失败。万一目标没有达成，而学生行为没有变坏，老师就可以这么说：

> "告诉我，你是如何让事情没有变得更糟的？"

或者，

> "我们第一次尝试没有成功，这是可以理解的。这只是个实验而已。告诉我，你会建议做些什么，使得今天一天会有些不一样？"

当辨认出例外后，快速改变就成为可能

高中二年级的几何学和足球课有什么共同点？一位小学五年级的班主任，

当他身为父亲时教养方式是什么样的？如果一位外科医生用对待病人的方式来对待他16岁的孩子，又会出现什么情况？如果一位单亲妈妈在家里利用她担任秘书的组织才能来应对她三年级的儿子，并给予儿子多于他需要的关注，那么又会发生什么情况？关注某一领域的技巧是如何迁移到另一领域的。这些就是我们所指的"例外"，或者是问题较少发生的时间。

本书全文都会谈到这些"例外"。以下例子谈论的是，一位几何老师面对一名不记得自己曾有过数学课方面的成功经验的高中二年级学生时，将关注点放在了教室以外的例外中，于是让学生重获能力感的故事。

老　师：拉里，你在我们的足球队中是一位守门员吧？事实上，你是我们最好的球员之一，我知道你一定都记得要参加每一场比赛。

拉　里：我一向都是如此。

老　师：你怎么做到的？

拉　里：当教练告诉我们时，我从来都不会记得。我必须回家后，在布告栏上画上大大的记号，然后凝视着这记号。

老　师：这真是太棒了！所以适合你的是一种视觉化学习。

拉　里：我猜是吧！

老　师：妨碍你在几何学上表现得更好的原因似乎是这些公式（方程式）。当你画下一些记号，就会把足球比赛的事记牢，我想也可以把同样的策略用在几何学上，这或许会有帮助。

拉　里：我从来没有这么想过……或许如此吧！

改变是一种常态

或许成为一位焦点解决教师最难的部分在于：要学会关注问题没有发生时，并且能用语言向学生和家长表达出这些美好时光。关注问题发生的时刻是很容易的:问题之所以引人注目,就是因为它们妨碍了我们的课程计划、优先顺序、方法或目标。而困难的是,尤其当班上其他学生并没有在做作业时,教师依旧要记得肯定莎丽的积极态度,不管怎样,关注莎丽的积极态度和留意其他学生表现良好之处,对于维持他们的好表现是非常重要的。多数学生无论如何都会继续保持良好的态度。对于那些可能有失去良好态度"风险"的学生,关注改变发生的时间点就变得相当重要。

如果乔丹老师没有注意到受到鼓励之下汤姆会表现得更好,只是通过提醒和回想汤姆以前的表现,她就可能不愿意给他增加5分和通过课程的机会。关注改变发生的时刻才是寻找解决之道的最快方法。

时间和地点的改变,将会改变互动和行为

学生因为他们的不良行为、反应和语言而形成坏名声;教师对学生坏名声的成见,又造成了学生相同的行为反应,由此产生"恶性"循环。我最近探望了一名青少年,因为搬家,他从原来的学区转到了现在的学校。当他第一次找我进行会谈时,他问我是否会伤害他。当我告诉他"不会"时,他的表现真让我惊讶。他说,他在之前的学区惹了许多麻烦,甚至在副校长室有一张他的"专属椅子"。他已经接受咨询四年了!他从我所了解的保守学区转到了比较有挑战性且充满犯罪和暴力的学区。

他妈妈相信他仍需要帮助,但是我比较好奇的是他现在的成功——他从八月进入那个学校开始到十一月为止,没有任何违规记录。

梅特卡夫:这真的让我很惊讶!你就读的学校是个充满犯罪、暴力及药物滥用等坏名声的学校。你是如何处理得如此成功的?

文斯(看着他妈妈,对我说):我不知道。在学校从来没有人说我做得很好,我和咨询师已连续谈了四年了。

梅特卡夫：真的,让我们一起想想,什么事情是你之前的老师所不知道的,而你想让现在的老师知道?

文　斯：我猜是我的学习,那是我可以做好的事。我一直都在很优秀的班级里。之前我在班上说任何话时,其他的老师就只会说"出去"。

梅特卡夫：你现在会做些什么不一样的事情呢?

文　斯：我猜是老师还不了解我,所以他们才会对我很好。之前,每一年开学时,即使是不认识我的新老师都会威胁我。过去四年只有两位老师没有骂过我,他们似乎是了解我的,我在他们的班上表现得很好。

学生不可能总是从一所学校转到另一所学校,但是当教师直接对具有挑战性的学生作出如下表达时,几乎会产生类似转学的效果:

> "文斯,我们知道我们过去曾有摩擦。让我们在今天一起试试,就一天,改善我们的关系。告诉我,我可以做些什么来推动这个的发生?"

从不同角度看问题以激发解决之道

还记得 12 岁的肯尼吗,那个学校生活一直受多动症困扰的孩子?当肯尼开始完成学校作业时,他妈妈和我讨论,他的家庭生活也开始发生了改变。肯尼妈妈似乎已经读过所有关于多动症的文献,并且对待肯尼十分小心。但是,她的前夫并非如此谨慎。而且,根据肯尼爸爸的说法,在探视时,肯尼总是能够完成他该做的家务。当肯尼妈妈和我讨论她是如何看待自己儿子时,她认为肯尼是个"有多动症、具有挑战性、冲动、易分心、健忘,并有时好斗"的孩子。以下

转述自当时的对话。

梅特卡夫：你认为肯尼是这样的孩子，所以当肯尼拒绝做他该做的工作，或没有准备好去学校的时候，你会怎么做？

妈　　妈：我开始采用温和的方式，失败之后，就开始向他怒吼，并命令他完成。其他人告诉我，是我让他太放松了。

梅特卡夫：我们谈过，如果是他喜欢的活动的话，只要肯尼想做，他就会去做。比如文件夹，他就会把它们整理好，就像他这个星期天天都有交作业一样。如果我们对肯尼能以一个新的形容词来描述他，而该形容词又不同于你现在所想到的病理学类的形容词，那会是哪个形容词呢？

妈　　妈：他是被宠坏的。

梅特卡夫：好的，如果你从那个角度来看他，我们尝试一个礼拜吧，那么你又会怎么做呢？

妈　　妈：我会始终如一，并且期待在他拜访他爸爸或外出找朋友之前，把该做的事情都做完。

两个星期后，妈妈告诉我，肯尼这段时间在家表现得更好了，而且她觉得放松多了，因为她比较喜欢想到她儿子是"正常"的，而不是多动症患者。她的新想法似乎为她教育孩子提供了更多的选择。

以下的个案是诠释本章观点的一个极佳范例，因为它包含了解决学校问题的所有焦点解决策略。这一个案及所有对话都是真实的，记录在我的另一本书——《教师、学生和家长焦点解题解决方案》里。我受该学校邀请，对个案进行咨询服务。

个案研究:放松

15岁的乔伊是个高二学生。在学校生活中,他是一个运动明星。他从幼儿园开始打棒球,在体育方面的表现很优秀,但是今年他有三门课没有通过,因此退出了球队。学校担忧乔伊落后的成绩和爱打架的天性。

当我在听乔伊父母说话时,我看到他凝视着地板,整个人深深陷入沙发里,就像是被"问题"征服一般,问题控制了他的生活。他的父母非常关心他,而父母的关心淹没了乔伊,使他产生了没有希望的感觉。我认为最没必要做的事就是:尴尬地刺探或了解什么困扰着乔伊,而让他产生更多相同的无望感,甚至认同自己存在一个严重问题的事实。

几年前,我可能会检验他的教育评估表、档案及考试分数。我也可能会问父母,自从乔伊三门课不及格后,他们现在对乔伊的态度和做法。我还可能会问父母关于他们家庭生活的个人问题,寻找"这个问题会发生的原因,并坚守身为一位教育者的界限"。在试图寻找问题根源的理念指导下,我甚至可能会寻找导致问题出现的一连串行为和互动模式。

然而,当我遇到乔伊时,我已经重新聚焦,并尝试用不同方式来思考这个状况,寻找一些不一样的事情。我想要找到学校问题发生的"例外"情况。我对寻找乔伊的能力比较感兴趣,不愿意多加探索和了解乔伊做错了什么而使问题一直存在,况且这些是乔伊已经知道的事情。从乔伊难过的表情可以看出来,他对于使他来见我的自身问题显然足够了解。事实上,由于这一点,他似乎觉得"他就是问题"。

根据我当老师的经验,青少年是一个特别的人群。当他们被指责和批评时,他们会反叛、抗拒和出现难过的反应。我对乔伊的个人看法和解决他学校问题的方法很有兴趣,并知道那样做能够获得他的信任。我需要和他紧密结盟来一起对抗这个问题。我知道他的历史课成绩至少是很不错的。事实上,他可以从这一点开始改善学习,而且他在运动方面表现甚佳。最重要的是,他仍坚持来学校,并一直希望能解决这些问题。他不知道从何处开始谈起,在他的学校生涯中,他几乎没有通不过的课。在脑海中有了这些"例外",以及知道乔伊想要改变现状的努力后,我开始和他谈话。

梅特卡夫:当乔伊的事情变得比较好时,你能够如何得知呢?

妈 妈:当我不担心乔伊在学校的成绩,或是发脾气时,事情就是比较好的时候了。我几乎不会接到学校打来的关于乔伊的电话。

爸 爸:本来在家里似乎永远存在"紧张"的状态,至少这种状态会减少,我可以不用一直盯着他看。

乔 伊:我不知道,我猜,当学校情况变好时,每个人(父母和学校)都可以不用一直盯着我。

梅特卡夫:乔伊,告诉我一些你在以前学校生活中曾经比较美好的时刻,是爸爸所说的"紧张"尚未控制你生活的时候。

乔 伊:去年吧,我去年通过了全部课程。

梅特卡夫:你是如何做到的?

乔 伊:在学校有"特殊教育学习班"。当我有需要时,我可以在那里寻求帮助……当我有需要的时候我就去,因此能够通过所有的课程。

梅特卡夫:真的! 你现在不能通过这四门课吗?

乔 伊:不能。

梅特卡夫:告诉我是哪几科?

乔 伊:数学、英语、家政和美术。

梅特卡夫:哦……那你之前通过那些课程的诀窍是什么?

乔 伊:不知道……我在教室里完成我的作业,然后把它交给老师。

乔伊整个人都亮了起来，立刻说了更多。他开始描述他过去通过课程时所用的一些方法，以及现在他通过一些科目的策略。他回想起几年前，妈妈是如何称赞又奖赏他。他也提到妈妈最近有不同的反应，并没有注意到他通过的成绩，也几乎没有赞赏他取得的进步，相反，她吼他、折磨他。根据乔伊的说法，是妈妈的行为让他产生了反抗。

乔伊将注意力转到继父身上，回忆起他和继父以前在他交作业之前，是如何高兴地一起工作。继父承认，他最近疏于检查乔伊的功课，并想起他以前的确很喜欢检查乔伊的功课。当乔伊描述他过去的成功时，妈妈提到她关心乔伊在学校发生暴力事件的事。乔伊承认他有暴躁的脾气，但是他提到自从初二以后，不止一次学习如何控制自己的脾气。我对他控制脾气的能力很好奇，这是他父母和学校尤其要我注意的一个主题，所以我要求他描述他是如何做到的。

乔　　伊：有一天在学校，我和六个朋友一起坐着吃午餐。我们起来要去拿食物，当我们回来的时候，一群家伙把我们的书丢在了地上，并且坐在我们的座位上。我大概花了 15 秒时间握紧拳头，并准备打架。

梅特卡夫：你有打架吗？

乔　　伊：没有。

梅特卡夫：你怎么能够停住的？

乔　　伊：我们请他们离开（询问他们是否可以离开）……然后我注意到教练在看我们。我让自己平静下来。

梅特卡夫：哇，你先要求他们离开？

乔　　伊：是的。

梅特卡夫：礼貌和冷静，对你在其他场合也有帮助吗？

乔　　伊：是的，有。

梅特卡夫：这真是不可思议……还有呢？

让乔伊感受到自己有能力是非常重要的，因为这可以减少他依赖父母或老师的帮助而实现自己的成功。对青少年而言，从问题中获得控制感是一种建立自尊和发生改变的方法。正如我之后对乔伊所说，"关注在学校状况良好的时刻"，我想改变即将发生。

梅特卡夫：乔伊，在下星期，我想请你特别关注什么时候在学校的状况是较好的，特别是在你通过的四门课上，并且详细观察你是如何做到的。

在接下来的一个星期中，乔伊的继父又开始检查乔伊的功课了，而他的妈妈停止担心乔伊，对乔伊的反应也变得比较正向。三个星期之后，乔伊完全可以通过考核了。非常有趣的是，在后来的会面中，妈妈对我说连她都改变了，她说："我开始注意到他通过了什么科目，而不是注意他没有通过什么。每天我们用和睦相处的时间取代了争吵。"我很高兴地把功劳归功于乔伊的妈妈，肯定她能以不同的方式与儿子互动。虽然我从未要求她改变任何事！乔伊则信守承诺地提高了他的学业成绩。

在乔伊的案例上所使用的观念和问句，是一个"在学校问题上，使用焦点解决取向进行思考与对话"的例子。只有当学生和他的父母愿意说出问题时，问题才会被讨论。乔伊父母的目标是根据家庭成员和学校的语言来定义的。如果我质疑他的父母，并对乔伊、他的家庭或老师有任何功能障碍的暗示，则很有可能受到投诉。反之，我要求描述具体目标，倾听"乔伊本人"想要完成的是什么，而在此过程并不需要任何的洞察力。

在学校生活中，可以通过学生的支持系统——包括学生、他的原生家庭、教师和同学——对学生的反应来维持和解决学校问题。物理学中,当系统的一部分发生改变时,整个系统都会发生改变。那是因为感知和表达问题都是在互动的系统中进行的。因此,运用不同的互动方式,关注问题发生之前的成功经验,并用语言表达出当成功发生及问题不存在的时刻和方法,就能找到解决方法。这种行为和认知的改变本身又使问题不复存在,因为它改变了互动、指责和负责的所有规则。

◆ 总结

时代在改变,我们的策略也必须改变。在第一章中,我详细说明了一种新的策略。在本书之后的章节中,我会具体介绍特定的会谈技巧及行动方案,并进一步强化本章所倡导的理念。这些策略可能会使你的专业性发生较大的改变,如此一来,学校会进一步丰富你和学生的生活。引用几年前一部广受欢迎的电视连续剧《朝向北方》(*Northern Exposure*)中的对话,用一种极具哲理的方式来结束这一章:

> 艾德,是一位土生土长的美国人,他注视着伊拉,一位木雕师,从树上砍下了一段赤杨木,并开始雕刻一支长笛。
>
> 艾德:你怎么知道要从哪里开始刻起?
>
> 伊拉:树枝会告诉我应该从哪里刻起。看到刀子如何在树上滑动了吗?像这样……每一段赤杨木都是一支长笛。你的工作只是发现它……这个星期,就请看着长笛出现吧。

练习活动

用焦点解决方式思考

想一想你班上的一个学生,现在他的行为实在令你感到沮丧和烦恼。在左边一栏的"问题"下面写上你现在经历的所有问题,这些问题源自学生的不良行为。

在右边一栏的"解决之道"下面写上:当问题得到解决时,你会看到学生在做什么?记得要使解决之道行为化与实务化。

问　　题	解决之道
例如:当我开始上课时,凯伦说话并干扰我。	凯伦不会干扰我,她知道什么时候是讲话的时间。

在你列出问题和解决之道后,把这张纸对折。只聚焦在你所写的解决之道上。回想你过去对这个学生所使用的策略,排除一些无效的,想想哪些是有效的。现在想一些在第一章中曾讨论过的"焦点解决策略",并在下个星期"做一些不同的事来完成你的解决方案"。

帮助学生和家长的焦点解决取向指南

这是一张"头脑风暴"工作表。当你要为学生或家长解决学校问题或个人问题时,可以使用这种表格。以下列出了问题、学生或家长的目标、当问题较少发生的"例外"或其他时间。最后,写下一些新策略作为学生或家长的家庭作业。

⊙问题(根据学生或父母所言):
_____
_____

⊙目标(根据学生或父母所言,以行为化的、特定明确的语词加以说明):
_____
_____

⊙例外(当问题较少发生时的现在或过去时刻):

1._____
2._____
3._____
4._____
5._____

⊙任务(从例外发展出新的策略):

1._____
2._____
3._____

教师签字_____　　学生/家长签字_____

第二章

利用语言为学生成功创造可能性

"假如我们的语言对定义和建构一个人起到非常重要的作用，那么重新来描述一个人是需要的。"

——《故事·知识·权利：叙事治疗的力量》

克拉克老师害怕面对今天下午和 Yu 女士的谈话。这些天他已经预演了很多次如何把菲利普成绩不及格的情况告诉家长，并且他也绞尽脑汁地想了很多种不同的方式来表达，他这样做是希望能表现得更具同理心、更积极和更专业。同事安慰克拉克先生，并提醒他要坚持自己的立场，否则"Yu 女士会'吃了你'"。有了这些事先准备，克拉克先生走进会议室，正在等待的 Yu 女士似乎已经做好防卫，并没有理睬他的问候和伸出的双手。克拉克先生打开他的记录本，开始平静地和 Yu 女士谈起她孩子的情况。

克拉克先生：首先我想让你知道，我很高兴菲利普在我的班上。我很少需要去纠正他，而且他看起来十分礼貌。但是，Yu 女士，似乎菲利普在按时交作业方面存在一定困难。而且，他好像在记忆我课上要求记住的概念方面也有困难。他似乎是一个中等水平的学生，而且在学业方面还不能像其他学生一样有较快的提高。我使用的教材是面向全班同学的，所以有时候，即使菲利普没有完全理解所教的概念，我仍必须把进度往前拉。我相信你能理解。有时候他似乎在做白日梦，并且浑然忘我，特别是我们在大声朗读课文的时候。我很关心他是否能完成学校的课业。

所以，我想在课后为菲利普提供一周三次的辅导。他可以到我的教室，每次 30 分钟，我会帮助他复习学过的知识，并为他提供他想得到的帮助。假如他课上错过了我们所讨论的一些知识，那么通过这种方式，他就能跟上进度。假如你能鼓励他，完成家庭作业并及时上交的话，我想会有很大的帮助。

沉默……然后果然如同事所料，Yu 女士爆发了。

Yu 女士：你怎么能认为我的儿子不能学习？他的确可能在理解一些概念上有困难，但是，他是有能力做到的。他通过了其他的课程，而且在那些课程中记忆力也是很重要的，你怎么能如此自满地坐在这里，错误地和我描述我孩子的情况？为什么要为他提供课后辅导？我自己就是一名老师！难道你没有意识到，我才是辅导孩子的最佳人选吗？我觉得被侮辱了。你们校长在哪里？他怎么会允许他的老师有如此无理的行为！这种事去年也曾发生在金赛女士身上。你整个脑袋都只在想我的小儿子错在哪里，你不可以用这样的方式对待他！

以上对话来自一位小学校长告诉我的一个真实故事。在这位真诚的老师和关心孩子但带有防卫心的妈妈的这段对话中，有效性的互动是什么？没有。克拉克先生对菲利普错在何处描述得很详尽，甚至还花了时间补充菲利普是一名礼貌且令人愉快的学生，但是他的问题在于，只是接收并传递"菲利普不能和其他学生一样学得好"的信息给 Yu 女士。更糟糕的是，他未征求当事人和他的妈妈需要什么样的帮助，就尝试给出他自认为合理的解决方案。Yu 女士对这个问题的反应集中在威胁和指责上，最终双方的交流无果。正如 Yu 女士所认为，这个问题在于老师，而不是她儿子。

通过改变对话来改变结果

其实克拉克先生可以创造与以前不一样的焦点解决会谈,假设克拉克先生从不同的视角开始思考菲利普的情况,假设他能找出菲利普在某些课堂环境中的能力和胜任力,而不是寻找菲利普的问题。他可能已经注意到通过菲利普其他老师的反馈,菲利普有如下能力:

* 当有老师靠近他的座位时,菲利普会学得很好。这似乎说明老师经常督促有利于他的学习。
* 课前告知菲利普上课时他会被点名起来大声朗读,他就更能集中精神,更有学习成效。
* 放学前告诉菲利普老师当天布置的家庭作业,他似乎就能记得第二天交作业,通过重复和常规提醒对他养成有责任心的习惯是有帮助的。
* 如果菲利普在考试前使用口头复习方式,他的记忆可以维持得更长一点,并能在考试中表现得更好。

对上述这些观察进行总结后,克拉克先生可能就会开启不同的对话。

克拉克先生: Yu 女士,首先我想说的是我很喜欢您的儿子在我的班级。上周,我在班级里问谁愿意做照料两只沙鼠的志愿者,您的儿子第一个举起了手。您之前知道他是如此富有责任心吗?您知道,今早在我翻看菲利普的成绩单,准备我们今天的谈话时,我注意到一些非常有趣的事情。当他在考试前仅复习

30分钟的情况下,他居然通过了考试。这个观察提醒我要开始定期地给他复习了。而且,我也注意到当我把一些概念抄在黑板上而不是让学生大声朗读时,他能做到记住大部分概念。当我站在他旁边,提醒他我可能会点名让他大声诵读时,他会表现得很好。过去几天,我把他的课桌移到我身边时,他能较少分心。当他有机会在课堂上完成家庭作业时,我会提醒他要交作业,这似乎也能帮助他记住。今天下午,在我还没说之前,他就记住了。以上这些是我注意到在菲利普身上发生的事情。关于这些,我已经为您做了记录,您可以带走。我知道您需要这次对话,Yu女士。您能告诉我,您对菲利普和我有什么期待吗?我十分期待您的想法和建议。

对于这种如此丰富的系统观察,Yu女士最有可能做出怎样的反应?至少肯定与上一次的反应不一样。在焦点解决对话中,克拉克先生似乎已经为菲利普的事做了功课。Yu女士有可能会对焦点解决对话产生较少的防卫心。她很有可能会认为老师是站在菲利普这一边的,因此她会和老师一起帮助菲利普,而不是责备儿子的失败。他们之间的对话很可能是互相尊重的,并且克拉克先生会鼓励Yu女士对解决这个问题提供一些想法。克拉克先生给菲利普的妈妈描述在不同情境下他孩子表现得很好的现象,这会使父母产生希望和动机来帮助自己的儿子。当一个老师为父母创造出这样的一个环境时,就有利于家长和学生一起参与到改变学习现状的工作中来,也帮助老师成为最有效率的教育者。如果一位老师承担了所有的责任,没有咨询学生和家长就擅自改变教育方向,他可能会错失对每个人都很重要的信息;而且要是他的建议没有产生实际效果,他就会变得沮丧。相比之下,共同参与、承担责任、分享成功也许是更为公平合理的改善现状的途径。

◉ "学生、教师、家长"的关系：最有力量的工具

第二章聚焦于通过新的方式来思考学生、家长、学校之间的关系，并以不同的方式回应问题，为学生的成功创造新的可能性。这是一个艰巨的任务，其中任何一件事都可能让教育者相当劳累。今天的学生和他们的父母与10年、20年前的情况有很大不同，但不变的是他们对被尊重、接纳和滋养的需求。此外，当老师要挑战父母时，同样须让父母觉得孩子是成功的、被尊重的，这是很重要的原则。如果没有任何成功的可能性存在，一些父母会放弃努力，而他们的孩子就失去了重要的支持。很明显，一些学生的行为和学业表现并不能总是鼓舞老师对他们进行培育和接纳。当然，一位教育者在教室里辛苦工作，努力想成为一个有效能的老师，一旦受到咒骂或威胁的确会心碎。老师不应该受到那样的待遇，他们在努力为学生工作。他们也希望可以拥有工作的胜任感，并受到学生的尊敬。不幸的是，这样的环境必须由老师自己创造，即使他们会面临无法估量的困难。学生是第一个注意到老师的人，也是比较注意规则的人。他们会如此描述老师："她喜欢她的工作。"或者"她对我们很好……她喜欢我们。"获得这种尊重的老师，很容易把这些团结、合作的班级变成焦点解决取向的班级。但若师生间缺少这样的尊重关系，即使老师有最好的意愿，也会影响学生的表现和行为，甚至更糟的结果是，老师反而成为学生消极互动的模仿对象。

为麻烦的学生创造改变的可能性是非常困难的。起初，可能得不到学生的热情回应。不过，千万不要放弃！这可能是因为这些学生曾面临的考验和苦难不是你所能想象的，即使你很亲切体贴，学生可能还是会习惯性地进行防卫。毕竟他或她跟你来自不同的地方。同时，学生或家长可能一开始不会同意新的观点或新的描述，但你可以试着不要假定他们对改变不感兴趣。坚持下去你就会发现有所不同！事实上，他们此刻参与对话，就意味着他们至少有一点关心现在的状况。这便是一次"例外"。有时，学生或父母当时可能不知道要如何回

答老师的问题，有些依赖老师给出答案，即便给出的答案是他们不接受的。由于焦点解决取向是如此尊重人性，因此在"这种"情境下使用焦点解决方法极有可能成功！想象一下在你感到无助和无望时，能有这样一位老师——在大学有四年或更多年的学习经历——表扬你对孩子的努力，以及你过去的成功，甚至是在你看不到自己或孩子在生活中有任何成功的时候！在我作为老师或咨询师的经验中，我不曾遇到过这样一种家长，当我指出他的努力时，他会觉得更糟。老师让家长参与寻找解决方法，倾听父母或学生曾经成功的"例外"，并且帮助学生改变其所属系统中的每个人，那就相当于创造了成功即将来临的可能性。

◉ 创造解决式谈话的自由

克拉克先生对菲利普的看法，会影响他与菲利普妈妈之间的交谈方式。克拉克先生很容易看到问题所在，并且用问题式谈话的句子来思考学生的情况，如"学习困难，懒惰，注意力缺失，不切实际，不感兴趣，失败者……"然而，当我们用解决式谈话来看待同一个孩子，我们将会为每个人创造出更多的选择，包括这名学生！

请对比一下这张表格里的两种语言表述有何不同。第一栏用问题式谈话的方式描述行为，第二栏用解决式谈话方式描述行为。当你读到它们的时候，想象一下学生会对这两种表述方式产生什么样的不同反应。

问题式谈话	解决式谈话
多动的	精力旺盛的
焦虑的/担心的	尝试做事追求完美
害羞的	小心的
抑郁的	难过的
暴怒的	心情不好的
学习困难的	需要不同的学习
情绪困扰的	有时应对有困难
特殊教育学生	在学校里需要额外的关注
低于年级水平的阅读能力	还没达到年级水平
好斗的	据理力争的
自我防御的	自我保护的
不尊重的	不能体验得到尊重
懒惰的	尚缺少动力的
破坏的	需要特别注意的

解决式谈话的描述不改变或者故意弱化问题本身的严重性。相反，这些描述给老师一个机会获得一个新的观点，使他们的干预是不同的、焦点解决的，并且是更有效的。不过，对于我们这个擅长聚焦问题的世界，要采纳这种新的方法是一个比较困难的过程。考虑一下问题式谈话是如何让你陷入困境的，可能会对你有帮助。例如，假设一位老师得知一名新学生有学习困难和多动症，她可能会自发地预测自己在教这个学生时会遇到重重困难。如果一位家长在上课第一天，就向新老师详细描述孩子在前一所幼儿园的种种问题，那么这位新幼儿老师可能就会期待挑战，并对这些挑战多加关注。假设未来可能会产生的结果，对老师和学生都是不公平的，因为这会约束我们的干预和我们对学生的期待。学会忽视假设，通过自己的观察去发现学生的能力，而不理会学生以往的错误行为和不佳的学业表现，这可能是一位老师最大的能力。

在下面的案例中，一位年轻老师亲身体会到，如何通过一次简单的思维改变提高她的班级管理技能，激发学生的学习动机，并且使班级氛围变得轻松。当你在阅读这个案例时，试着回想一名你已经对他感到沮丧的学生，然后看看萨拉的策略对你来说是否熟悉。

案例研究：这个学生无可救药！

萨拉是一名英语老师，抱怨一名九年级的学生不断地说着《罗密欧与朱丽叶》这本书的笑话，干扰她的第六堂课。他走进教室时大声地讲话，打断了她的引言。其他学生似乎很喜欢这个学生，因此很容易就将注意力从萨拉转移到这个学生身上。我问萨拉，她如何评价这个学生，当她这样想的时候又是如何做出反应的。左边一栏是她对这个学生的评价，她的反应则在右边一栏。

对学生行为的描述	老师的反应
不尊重的 好斗的 不合作的 破坏的 挑衅的 很难对付的	"我让他了解后果，不断矫正他，甚至威胁要把他送到校长那儿。他根本就不听。"

当我问萨拉她的策略是否管用时，她很快就说"不管用"！我要求全班同学一起帮助萨拉，对这个学生进行一些新的描述，然后考虑当他们从不同角度看待他时，他们会有怎样的反应（White & Epston, 1990）。下面是他们的建议：

重新描述	老师的反应
创造性的 逗趣的 精力旺盛的 感到无聊的	"让他选择书中的内容来读，并让他以一种幽默的方式向全班同学进行解释。让他先读，然后再要求他读完后分发讲义或重新布置教室。"

萨拉有点不情愿，因为这个学生让她感到非常沮丧，但她又极度渴望在下一周试着用不同的方式对待他。这个学生给了萨拉如此多的压力，因此要让她

考虑首先做出改变是困难的。不过一想到学生对这个世界毫无经验,需要她的协助来帮助他"遵守"规则,这又使萨拉愿意冒险一试。一周后,当萨拉回到我们的教师督导课上,她兴奋地说,这个学生发生了很大改变!我们特意问她在班级里做了些什么,她这样回答:

> "我把剧本中更多的内容让他朗读,并且我总是让他先读。当我注意到他似乎是喜欢得到关注,我就多多关注他,并告诉他在课堂之外他表现得很好。每天他走进教室,我就会邀请他讲一个笑话,或是和全班分享一些事情,以此来开始我们的课程。最后,他在课上讲话的次数少了,而且会更礼貌地参与到课堂内容中来。"

从那一刻起,萨拉这个学期的教学工作变得顺利了,压力也小了,而且在她的协助下,这个学生的成绩也有所提高。我要求萨拉在接下来的几天里,继续观察这个学生在班级里表现得比较好的方面,尤其要注意观察她正在做的哪些事能促进那些好的方面发生。萨拉间接地学习到灵活变通,以及如何与一个具有破坏性的孩子合作。她的旧方法已经无效了,她需要一种新的方法。当她重新以不同的方式描述学生时,她打开了与他们的合作之门。虽然这种方法看起来似乎不太正统,但当她看到学生几乎立刻因此而出现行为和动机上的改变时,一切努力又都是值得的。

◉ 建议教师改变消极的假设

在与学生、家长和同事打交道时,焦点解决教师的态度和观念,对发现学生的优点和促进学生学业成功是十分重要的。学生和父母在冲突中往往只会看到学校教育中无效的部分。假如一直关注他们抱怨的部分,那么解决问题的可能性就会降低,人们会指责他人,而学生则会脱离正轨,不管其尝试的方法是否有效。

在下面的个案中,一位老师试着帮助一位家长发现她自己身上的某种能力,去帮助儿子解决学校中的问题。

案例研究:妈妈,让我休息一下!

下面的对话发生在一个老师和一个 10 岁孩子的妈妈之间,一个叫肯恩的孩子在定期交家庭作业方面存在困难。老师之前跟肯恩的妈妈说过完成家庭作业的重要性,也建议过让妈妈在家帮助肯恩做作业。当这些建议完全没有效果时,老师提出了一个新的方向,并且把寻找解决之道的责任交还给肯恩和他妈妈。

妈　妈:我不知道该对肯恩做些什么。他说他做了家庭作业,只是没有上交。我已经尝试了各种办法,但他在家一直发脾气反抗我。当我和他说要做作业时,他就直截了当地拒绝我。这简直是一场战争。今天早上真是太糟糕了。他忘了做昨天下午的一部分作业,我就变得烦躁并朝他吼。送他去学校后我感到很可怕。有时我觉得我应该让他体会一下挫败的感觉,但我又真的不敢让这发生。他总是需要我的督促,但不是这种形式的。

老　师:我知道你很沮丧,你真的为鼓励孩子做了很多努力,难怪你会如此烦躁。告诉我,当你需要肯恩做事时,他什么时候的反应是比较好的?像今天早上发生的对峙有用吗?过去有没有比较有效的方法?

妈　妈:好吧,对峙是没有用的。这使我感觉更糟,而他也会因此而更加挑衅。当他还小的时候,我能用平静的方式和他谈话,给他一些激励和奖励,但是今年他变得更叛逆了,我认为我能做的就是惩罚他。

老　师: 听起来好像惩罚也没有用。请多跟我讲讲以前你是如何激励他的。

妈　妈: 去年他如果能将成绩一直稳定在80分以上,我就奖励他去小型高尔夫中心,或者允许他在周六早上玩视频游戏。老师会在每周五给我们寄送一份记录他平均分的信。那个奖励措施在今年之前一直都很有效。可是他现在回到家时,满脑子想的都是去公园踢足球踢到天黑。我希望他一回到家就先完成他的作业,这样他就能按时交作业了,但是他抱怨说他的朋友都在公园。这个时候麻烦就出现了。

老　师: 因此,今年让他放学回家后立即完成作业,过去的那个激励策略不管用了。

妈　妈: 对的。

老　师: 或许我们应该这样看待肯恩,他是一个结束了一下午学校课程后需要去休息一下的学生,而不是一个只会反抗的孩子。听起来他正在成长,他的朋友变得越来越重要。我也注意到,他喜欢在课上争取附加分,这种激励对他一直是有效的。我想知道,既然今年他似乎对足球而不是小型高尔夫更感兴趣,如果你再使用激励法,会如何在他身上使用?

妈　妈: 嗯,或许当我知道他交了所有的家庭作业时,就会允许他在放学后去踢球。也就是说,他回家时必须要交给我一张纸条或者是任务表之类的。我认为这是我们去年用过而且确实有效的方法。当他递交他的作业后,你能否签字或发张表格呢?

老　师: 当然可以。为什么你不草拟一个,第二天让肯恩带到学校呢?

注意老师做了些什么使这个妈妈降低预期,并且开始思考过去当肯恩对她的反应好一点点的时候。妈妈知道她的儿子比其他任何人都好,但是就她自己的专业水平来说,恰当地处理肯恩在学校的问题有一定的困难。采用焦点解决老师通过帮助妈妈回忆孩子更有成效的时刻,来帮助她重新感受到自己是有能力的。妈妈知道她的儿子喜欢什么不喜欢什么,也知道他对激励的反应、对惩罚的反感。当老师能理解妈妈、分享她的挫败时,这个妈妈就能看到她自己能应付这种情况,他们更有可能以自信、高效的方式迎接挑战。当老师或管理者完全承担起责任,并告诉父母如何处理状况,通常会发生以下情况:

1. 父母认为教育者比他们更知道如何帮助自己的孩子,同时也会期望教育者继续解决孩子未来的其他问题,而不是自己想出新策略。换句话说,父母胜任力比教育者更少。
2. 假如教育者提供给父母的策略无效,父母就会认为连学校都没办法帮助他们的孩子,因此,除非他们的孩子决定改变,否则这种情况是毫无希望的。如此一来,学生可能会跌进一个不成功且缺少动机的角色陷阱,这样他们会感到没有一个人真的关心他们。
3. 假如教育者提供的这个策略没有被学生很好地接受或者是没有满足学生的需求,那么学生可能会继续消极反应。在这种情况下,周围的人对学生的目标可能会压制他们,共同扼杀他们的动机。当这个学生感到策略是家长、老师们在做而不是和他们一起时,他们可能根本不会回应。

改变负面假设的建议

下面的建议是针对前文案例研究提出的一些观点,帮助学生和父母设想如何能改变和改善学校情况。注意每个建议是如何充满尊重地提及过去以及相关人所担忧的问题,然后帮助父母和学生通过使用新的语言或故事去关注可能性的存在。

1. 把这些经历当作过去发生的事情来讨论,这样不仅可供参考,而且不会影响到重新规划未来。

   "苏,我当然能理解你在过去两年里转学四次很难让你觉得你是我们学校的一部分,因为我从你那儿很清楚地了解到这个。所以,既然你知道你在接下来的至少一年里都将待在这个学校,我想知道从此刻开始,你期望发生些什么不一样的事情?"

2. 鼓励并邀请孩子进行想象向另一个孩子描述解决之道的故事。协助他们把负面体验改变成一种找到解决问题方法的成功喜悦(基尼的建议,1994)。

   "亚历克斯,我经常要教一些像你一样的孩子,他们对那些对自己不友好的朋友感到生气。你曾经告诉过我,你想要你的学校生活快乐一点。我希望你来告诉我,我可以对下一个在我课上生气的孩子讲些什么,你会告诉这个孩子去做些什么呢?

3. 重塑行为,把那些听起来像是聚焦问题的行为转变为聚焦解决的行为。

   "凯,你似乎在他人告诉你要做什么时变得烦躁。吉,听起来你已经有了自己的观点,但人们没有在听你讲喜欢他们是什么样子的。那似乎在许多孩子身上都发生。你想要我们怎样看待你,看作打断他人想法的容易生气的学生,还是就像我现在看待你一样,看作一个对作业有疑问和有创新性建议的学生?"

4. 正常化学生、老师或父母的行为。帮助他们感到发生在他们身上的情况似乎是正常的,他们并没有严重的问题。

> "安,我对你今年一直坚持来几何班上课印象深刻。许多学生都没有逼迫自己接受家教,或者像你一样坚持。尽管你的分数很低,但是你一直在坚持。你是如何说服自己完成这个课程的?我能帮助你做些什么呢?"

5. 告诉学生或家长,目前他在学校的状况是需要调整的。他们将有可能同意。帮助他们改变性格、行为和互动方式,使学生做些不一样的事情。通过询问同学、家长、朋友,了解事情是如何变得不一样的。

> "约翰,直到现在你曾转到替代学校的事情对于你而言还是有些不好受的。人们之前认为你是一个不重视学校、经常脱离正轨、制造麻烦的孩子。让我们说,那只是你人生中的第一幕故事。现在既然你已经回来,并且有机会改变他们对你的看法,那么你想要你的人生第二幕发生些什么故事?我在你身上看到了一些其他人还没有看到的特质。总之,让我们讨论一下,你如何才能让其他人改变对你未来的看法。从今天开始翻开新的一页,你认为你能做些什么?

6. 假设改变将发生或已经发生。

> "劳伦,如果有一天你对祖父的死不再感到那么难过,那么你将会多做些什么?今天下午你能做到的一小步是什么?"
>
> "乔纳森,在接下来大约几周时间内,当你的成绩刚好及格时,你认为你在学校和家里与现在相比会有什么不同?"
>
> "华雷斯女士,当丽塔在家开始遵守你的规则,并采用我和你今天早上在这讨论的建议时,那么你会看到你和女儿之间更经常发生的事情是什么?我想知道,当她开始尝试更多事情的第一刻,你能和她一起做或者为她

做的一件小小事情是什么。"（对丽塔说："做任何会让你妈妈开始关注到的事情！"）

7. 当一个学生发生改变时，要花时间去注意。把你观察的说给他们听，或者给他们或他们的家长写张纸条。

"凯伦，你今天早上专心听我上课了，而且我看到你开始跟萨拉交谈前，就已经完成了词汇作业。我知道和同学说话是很吸引你的，但是你不会总是被吸引。我只是想让你知道我注意到了。你能把这张纸条带回去给爸爸吗？我写了一张纸条给他，告诉他你今天有多么专心致志。"

假如你发现你对学生的想法把你困住了，或者让你感到无助，甚至使你筋疲力尽，那么也许是时候就像做实验一样，尝试做些不一样的了。来看一下你的想法和假设是如何抑制你的创造性，扼杀你对那些麻烦学生做些不一样的尝试的意愿，这项练习名叫："描述，感知……行动！"

描述，感知……行动！

李的故事：一项练习

15岁的李上课经常迟到。作为惩罚，他的午餐时间被推迟了。这种情况已经累计了40天。根据一名学生的描述，李似乎天天都很忧郁，他期盼在午餐时间看到他的朋友，并常常逃离让副校长备受挫败的午餐视察。当李的迟到天数超过45天时，他被送到另一个课程中进行为期一周的学习。他的老师意识到或许换个环境对李而言是有好处的。老师想知道当李回来时，他准时上课的动机会发生怎样的变化。大多数老师认为李是一个"有风险"的学生，因为他身边围绕着一群狐朋狗友，但他却通过了全学年的所有课程。他是一个安静的学生，平时看起来有些悲伤。在一次家长会上，老师了解到李的父母已经离异，而且他已经5年没有见过爸爸了。李的哥哥两年前还一直与李打架，并且偷拿他的东西。不过，现在他已从家中搬离。过去几年中，每当李在学校遭遇人际方面的压力，特别是他跟女朋友分分合合、关系紧张时，回到家里就会变得特别暴躁。李对那些伤害过他的人有诸多抱怨，但与此同时，他还在高中校队踢足球，并且希望有一天能进入大学。接到副校长的通知时，李的妈妈非常担心他那暴躁的脾气，但仍坚信李本质上是一个好人。她说李常常主动帮她整理院子，跟她去教堂，不喝酒，也不吸烟。目前，她很担心李在学校的表现会变得更糟，因为他对副校长非常不耐烦。她也担心他会退学，因为他觉得去学校似乎没什么意义或趣味了。

聚焦问题方法

在"描述问题"一栏写下：当你读过李的故事后能意识到的所有问题。

在"觉察结果"这一栏：列出李继续这种状态下你能预测到的后果。记住李的目标:进入一所大学。

在"行动"这一栏:利用在前两栏中写下的聚焦问题的描述和感知,写下你对李可能做出的回应。

描述问题	觉察结果	行动
_____	_____	_____
_____	_____	_____
_____	_____	_____
_____	_____	_____

焦点解决方法

在"重新描述资源"一栏写下:你从李的故事中发现的李的资源和优势。

在"觉察成功"一栏中写下:这些资源会如何帮助李回归到学校生活的正轨中?

在"行动"一栏写下:作为李的一名老师,你会运用什么策略来帮助李,以便他能回到正轨并考入大学?

重新描述资源	觉察成功	行动
_____	_____	_____
_____	_____	_____
_____	_____	_____
_____	_____	_____

哪一种方法能促进学生能力的发展，是聚焦问题还是焦点解决的行动？

_____
_____
_____

这些行为中有帮助的是什么？

_____
_____
_____

你的班级管理技巧是聚焦问题的还是焦点解决的？假如你是一名师范学生，在未来的教学中你会选择哪种方法？

_____
_____
_____

假如你是聚焦问题取向的老师，但明天要对一名学生采用焦点解决方法，你会做些什么？

_____
_____
_____

学生们将会看到你做了什么不一样的事情，让他们知道你的反应已经不同了？

_____
_____
_____

在发现李的资源和优势方面,你存在困难吗?起初,大多数教育工作者都很难跳过问题去发现学生的能力。行为、态度及学业的失败轻易地掩盖了学生的能力。我们要记住问题本身无助于解决,这样才能对事情有所帮助。例如,假如有一个学生容易在操场上发怒,可能是因为 6 个月前他父母离异了,这样一来我们也许能理解他,却还是没有解决问题。但是,如果我密切关注这个学生,找出一些他不那么愤怒的时刻,我可能就会发现,当他知道我在课堂上一直关注他,或者他与文静、温和的同学相处时,都不会那么愤怒。这些发现不仅能帮助我做好他的老师,我还可以把这些信息反馈给其他同事。

什么样的差异造就了不同

在学校走廊随处走走,你会发现:有些教室里,学生们正在认真上课;而有些教室里的学生却乱七八糟的,一直干扰老师上课。这之间到底存在什么差异,才会出现如此不同的结果?老师的态度会体现在他的行动中,而这又影响着学生的行为。许多学生不知道如何表达他们的需要,因此他们可能会以不恰当的方式表现出来。那些只看到问题的老师会以一种消极的方式来回应,如此造成了恶性循环。聚焦问题方式仍主导着今天的班级管理,而行政管理办公室创造了"更多类似"的问题。令人难过的是,这些行为又被学生学习并内化,反馈给他们心怀好意的老师。但是,这并不表示教师要责骂学生,反而意味着教师应该跳出这种恶性循环 —— 不应该用辱骂的形式修正学生的不良行为,而应该以身作则,告诉学生该如何做出恰当的反应。

老师应将学生的问题视为过去,要看到学生在没什么状况的时候所表现出来的能力,这样一来就会发现班级管理变得更容易了。他们似乎能够更快地解决问题,因为学生产生的阻抗更少。这并不是因为这些老师一味地积极,他们展现的是一种对学生的尊重,即使一开始这些学生都达不到要求。他们停止了"假设我退一步,学生就会得寸进尺"的想法。相反,他们会采取一些不同的行动来消除这些矛盾。老师固然关心学生的成绩，但仍然可以让学生休息一下或是做一个特殊的安排。老师传达给学生这样一种信息："我和你一起努力。"这种动力提醒我有一句引言很适合用来形容今天的学校：

> "我用了二十年的时间来等待，期望有一个人对我说：'你必须以火攻火'，因此我便能回答，'真好笑——我总是用水'。"（Howard Gossage）

显然有很多比学校问题还复杂的因素会导致学生产生消极的行为表现，例如困难的家庭环境；但是，总是存在这样一种可能性，通过其他相关例子的示范产生出一种新的行为。一名灵活的焦点解决老师，可能是学生生活中唯一一个让他感受到被尊重的成年人。当我把这些观点传达给那些尝试在学生的生活中做些不一样事情的老师时，我通常会得到如下的回应：

"当学生家里有这么多问题时，我真的无法做太多。"

"既然父母不合作，没人监管和支持学生完成他的家庭作业，我又能做些什么呢？"

"我只是一个人……我不可能成为他们的父母。"

确实，老师只是一个人。然而他可能会使学生的生活甚至一辈子都变得不一样。以下内容摘自格雷戈尔老师，以展示教师角色的重要性：

> 在323名学生从我们当地的高中毕业后的第二天，我知道了为什么我的朋友简会获得最新设立的，并由学生投票产生的年度教师奖。我和简决定用购物和野餐来庆祝最后的学校生活。当我们沿着林荫路散步时，她突然说："等一下，我想进去看看我的学生是否仍在这家店里工作。"当我走进这家店时，我看到简正和一个年轻女孩相谈甚欢。她们聊了很久才停下来介绍我认识。然后，我开玩笑地问这个女孩："哦，你是被卡特勒老师收

买过的学生之一吗?"这个女孩变得很严肃,眼泪夺眶而出。她认真地看着我说,"事实上,卡特勒老师曾救过我的命。"

当我们离开这家店时,我问简:"这到底是怎么回事?"简回答:"金姆那时候正碰到了一些严重的家庭问题:妈妈是酗酒者,爸爸去世了,男朋友让她的日子变得很痛苦。她缺席学校的时间也超过了学校的规定。如果她再缺席一天,她就将无法毕业。因此,我和金姆达成一致:在接下来11天里,我每天都会打电话给她,不断提醒她,让她来学校,一天四通电话。最后她办到了,顺利毕业了。"(Bluestein,1995,p169—170)

是卡特勒女士的电话还是她对学生强烈的关心,使金姆有了成功的愿望?只有金姆知道真正的答案。但是我们能确定的是,她的老师做了一些其他老师没有做过的事情……她花了这个时间,并且从没放弃帮助金姆。

这个例子说明,一个人如何在学生的生命中造就一个不同。某人必须帮助李转回到原先的学校,而这个人就是我。当李(记得李的故事吗?)结束另一个课程项目回到学校之后,我和他一起返回学校。我很想见见那位副校长,李对他的描述是:"一直留意着我……他视我为麻烦。"我要让李感到自己拥有更多的能力。我想,当他在学校改变他的名声时,他将会有更多成功的机会。我之所以会这样觉得,是因为我和李在替代学校的那个礼拜会面中,每当我开始赞美他的成功时,我们的谈话就会找到一个新方向。他告诉我他喜欢工读学校的老师,因为这些老师对他付出了真心。他就读的高中有3500多名学生,老师很少有时间和他谈话。当我称赞李听妈妈的话,毫无抱怨地做她要求做的家务时,他变得开朗起来。当他说自己经常感到"沮丧"时,我提到当生活偏离正轨时,人们感到"失望"是很正常的。我印象深刻的是,他从未让这些"垃圾"影响到学业,既没挂过科,也没发生过使他变得粗暴的事。在我们讨论他的能力时,李开始思考自己有什么不一样的地方。他离开我办公室的时候说:"你知道,可能这不是抑郁,我只是感到烦躁。"

李回到学校的第一天,我和副校长交谈,要求他在接下来的几周中密切关注李,关注当他表现出什么不一样的行为时,意味着他已经回到了生活的正轨。然后,我让李在副校长在场的情况下用大胆的方式表现出这些新行为,以便副校长可以看到他的不同。这番对话似乎起到了破冰效果,在我们离开副校长办公室时,李看起来很放松,并且感觉更加自信。他可能是因为不再需要推迟午餐而感到开心,工读学校已解决了这个问题。或者,这可能是他第一次不和副校长谈论自己的错误行为。我可能再也不会知道其中的原因。但是我知道,李是那天在副校长办公室里唯一一个微笑的学生。

这些例外的时刻

到目前为止,对你来说,试着注意学生较少被问题困住或是没有问题的时刻,会帮助你看到他们的不同并鼓励你有新的反应。这个建议更多的是一种策略——它是这本书的理论核心。寻找"例外时刻"给了老师新的方向。当老师已经尝试结果、奖励和表扬没用时,那就改变方向,即聚焦于问题不发生的时刻,这将导向令人吃惊的解决方法。本书中,"例外"这个词代表"问题较少发生的时刻",以及当学生的行为稍有不同的时刻。当老师试图发现学生的例外时,以下一些建议和问题可供老师参考。

聚焦于当前例外的问题

"请告诉,我当学校情况还不错时是什么时候,即使是几天前、一周前、去年,甚至一年前?那时有什么不同?在班级里发生了什么事使你不一样了?还有呢?"

"看起来今年是极具挑战的一年。你能回想一下,今年哪些时刻是你觉得学校生活是比较在你的掌控中的？那些天在班上有什么不同之处？你做了什么有帮助的事？作为你的老师，我做了什么？"

"我注意到今天下午休息时你没有和同学打斗，你是怎么做到的？"

"锡德，我对你的生物考试成绩印象深刻。那么难的测试你竟然能得80分，你是怎么做到的？我们下周如何让这样的结果再次发生？"

"乔伊，今天早上我们讲故事的过程中，你已经坐在椅子上长达10分钟了，你是如何做到的？我知道对像你这样精力旺盛的年轻人来说这是很困难的。"

"当你记得你的足球赛时，你做了什么似乎能对此起到很好的作用？我想知道这对你的几何课有什么帮助的地方。"

"假设你今晚睡觉时发生了一个奇迹，第二天早上醒来发现你的学校生活变得更好了，那时你在学校将会有什么不同？这对你有什么帮助？"

例外存在于我们生活中的各个方面，然而，与每天发生的问题与阻碍相比，例外是比较难被我们注意到的。因为问题和阻碍实在太突出了！比如，想象上周让你感受压力较大的阻碍，你很可能非常快地想起这些阻碍。现在，再想一想这个星期发生的例外情况，或者是你降低你的压力水平的方法，你是如何促使或者帮助这个例外发生的？当你关注生活有效的时刻时，你学到的新的行为或想法可以帮助你的生活继续有效运作。当你指出学生在学校一些活动或功课中的"小小成功"时，这些相似的事情会发生在学生和家长身上。从一个情境的方法转移及应用到另一个情境中，这似乎是简单的。困难的是，如何确认每个情境中的有用方法。有时要从环境中跳脱出来，向学生学习如何避免这样的环境，它能为我们提供线索。下面的材料可以为我们看待问题的思路提供一个新的方向。

外化问题以找到解决之道

迈克尔·怀特(1989)讨论了"外化问题"(externalizing problems)。外化问题是指将那些出现在我们生活中的问题进行具体化或人性化。如果我们认为自己是被生活问题所困扰的人,那么我们开始寻找使我们回归正轨的方法,甚至更好一些,我们并不将自己视为有问题的人,相反,我们认为问题本身才是问题。当怀特最初与患病孩子工作时,他开始外化这个问题,把问题当作一个会继续存在或消失的实体。当他把建议提供给这个家庭时,这个家庭感觉到被赋能了,决定通过采取行动,消除问题对生活的影响。

对于青少年和儿童来说,外化问题也能帮助他们从问题中抽离出来,停止将自己视为失败者。一个年幼的小学生可能会说他旺盛的"精力"是让他陷入麻烦的原因。老师便可以用外化的方法与他进行讨论,或建议他从这旺盛精力中逃离15分钟,然后再慢慢地使他觉得可以掌控自己的能量。当他成功了,无论他能够持续多少分钟,老师都可以很惊讶地对他说:

> "乔伊,你相信你已经掌控精力8分钟了吗?哇!"

乔伊可能还没有完成他预设的15分钟的目标,但是已经控制精力8分钟会激励他渐渐完成剩下的7分钟。

老师可以用这样的谈话方法和一个上课经常讲话的青少年说:

> "梅利莎,我知道上历史课时,让你忍住不讲话是很困难的。在这个教室里,是否有一个地方可以让你今天坐在那里,但讲话次数不会那么多?"

梅利莎可能并没有意识到她既可以被看作一个因为说话妨碍别人上课的

学生,也可以被看作一个健谈的学生。但是,老师仍然以一种尊重她的方式来表达自己的意见,使梅利莎可能会接受老师的建议,到另外一个地方坐着。

老师在帮助学生和父母外化问题的过程中,也在帮助他们审视自己的行为如何使问题持续存在。这能够让他们意识到,生活中持续出现这个问题是他们自己的责任。此外,外化问题也使他们能够自由想象,当不存在这个问题时,他们的生活又会是怎样的。大多数的学生、老师和父母在充满希望和受到鼓励时,能够更好地解决问题。"将会"、"将来的某一天"、"当事情变得比较好时"这些表达,暗含了改变即将来临的预设立场。如果只是说"事情如果变好或改变"了,便不具有同样的效果。那些陷在问题中的学生需要有新的想法来帮助他们看到自己的目标。

以下一系列问句是外化"愤怒"问题的一个例子。假如学生抱怨那天下午他只是太生气了,所以没有完成家庭作业,老师可以让班上同学进行一项工作,把这个学生叫到教室外面谈话。建议老师可以用下面的问句类型,可能会比较有帮助:

> "告诉我,'愤怒'如何困扰着你?什么时候你最能注意到它的出现?"
> "愤怒什么时候不再那么困扰你?你是怎样让这种情况发生的?"
> "在这些让你免于愤怒的时刻,你正在做些什么不一样的事情?"
> "当愤怒不再这么频繁地困扰你时,谁会最先注意到?"
> "在处理'愤怒'方面,你需要什么样的帮助,以便你今天在学校中能完成任务?"
> "基于你已经告诉我的,你认为在今天减少你的愤怒方面,你可以尝试做些什么?"

小学生喜欢外化问题的方式。我办公室里有很多填充玩具,其中多数是看起来很可爱的动物,例如猫咪、小狗、海豹、小鸡、大象及许多泰迪熊。我也有一些看起来不那么可爱的动物,例如大老虎、德国巨型牧羊犬、愤怒的恐龙、黄色的怪物和常露齿嬉笑的猫。当我开始同孩子交谈时,我会要求他们挑选一个动物来代表他们的"问题"。他们通常会选择一只看起来不是那么可爱的动物,然后,紧抱着这个玩具。之后我们讨论以下内容:

> "当它出现在你周围时,它会叫你做些什么?"
> "有时谁会注意到这个问题比你还大?"

然后,我们讨论在学校或家里,这个"问题"是怎样制造麻烦的。之后,我询问孩子,他想要把这个"问题"(动物玩具)放在哪儿,以便我们能暂时脱离它来谈几分钟话。曾经有一个5岁的孩子打开办公室的门,沿着走廊走到尽头,然后把她的"问题"放到了角落里。当她回到办公室后,我要求她再选择另一只动物,看起来友好、快乐一点的。她从那些看起来很可爱的动物中挑选了一只,然后我们继续交谈。

> "当这个问题不在你身边时,发生哪些事会让你有更愉快的感受,就像现在?"
> "让我们假装这个动物是有魔力的(有时它们确实有魔法),并且你今天可以随身携带。你回到家后上床睡觉。第二天,当你醒来,这个动物帮助你摆脱了这个'问题'。那么第二天发生些什么,会让这件事情变好了?"
> "告诉我当这个更快乐的动物而不是这个问题在你身边时,谁会最先注意到这个改变?"

有关学校问题的谈话可参考以下表格中所列的内容。

我的问题让我做些什么	我如何战胜这个问题
当我在一个团体时,它使我站起来离开。	我会自己回去坐着。
它让我和苏西交谈。	当苏西在阅读时间想和我说话时,我会转到另一边。
它让我在操场上打杰里米。	我到其他地方去玩。
当我想到托马斯女士不喜欢我时,它会使我粗鲁地对她。	我想托马斯女士有时也会过得不愉快,所以我朝她笑笑。
当我想到我奶奶时,我会哭。我想念她。	我会和学校咨询师詹姆斯先生谈谈,他会帮助我用一种愉快的方式怀念她。
因为我去年没有通过高级英语考试,所以它使我感到受挫。	换到一个普通英语班级,所以我不会感到如此有压力。去年我换到一个基础科学班上,这对我很有帮助。

这样的语言可以帮助各年龄层的学生以视觉化的方式外化问题,进而可以控制它们。这些问题将儿童放在专家的角色。老师可以简洁地提出问题,帮助学生从问题中脱离出来。当然也需要注意,这些问题需要孩子克制一小段时间。对于一个幼儿园的孩子或是一年级的孩子,体验一个下午就已足够久了。二、三、四年级的学生则可以体验一整天。五年级到八年级的学生能体验两到三天。不过,让青少年进行尝试或获得控制感的时间不要超过一周。将关注点放在成功经验上——而时间框架必须有益于成功经验的发生。当学生被要求在短时间内做一些事情时,成功的机会会较大。

◉ 鼓励学生战胜问题的其他方法

提醒学生远离问题、形成新行为的另一个好方式是,给他或她一张"证书"(一个可复制的证书样本,详见本章结尾)。《故事、知识、权利:叙事治疗的力量》

（1990）这本书的作者、治疗师大卫·爱普生和迈克尔·怀特常习惯给人们发证书。这张证书可能是一个惊喜或者是一种承诺——无论如何，这对学生或父母是适合的。

证书可能包含这个"问题"的描述、帮助人们解决问题的例外以及教育家的签字等内容。这种仪式可以在家长会、课前、课后或是与父母会面时进行。意外获得一份描述学生表现好的证书，这通常能够有效鼓舞人心。学校通常可以以"最好的微笑"和"最熟练的工作"等这种非学术证书的名义颁发给学生，这些得益于细心观察学生的成功结果。为什么不颁发证书给学生，让他也能够看到自己成功克服了问题呢？因为如此一来，每个人都会是赢家。

这张证书

给

—— 汤米 ——

他（她）成功地

在星期一、星期二、星期三
战胜了"愤怒的怪物"

通过

坐在靠窗的这个特殊位置5分钟，
直到愤怒消失

签字

汤米的老师

◉ 刻度问题的大小

刻度化问句是过去常常用来评估问题对一个人生活的影响程度的治疗工具（de Shazer,1988）。例如，学生、老师或父母可以在下面 1—10 的评分等级上做出评估。

被问题控制   被学生控制
——————————————————————
1   2   3   4   5   6   7   8   9   10

"1 分代表你的学校生活完全被问题控制了，10 分代表你在学校能完全控制自己的问题，现在你处于几分的状态？"

在对话开始之前，先邀请学生对自己进行评分，以作为谈话的开始。刻度化提问能够帮助当事人确立他们的目标，因而使目标的实现更加容易些。当学校当事人"陷入"问题中卡住时，或者很难发现他们关注或想象事情变得更好的例外时刻时，刻度化提问能够提供一种"小步思维"，慢慢地带领来访者走出问题的影响。刻度化提问在与青少年谈话中是非常有用的。许多高中生对用什么方法来帮助自己获得成功有自己的主意，只是无法用语言准确地表达出自己的想法。通过呈现一个量化的数字能帮助他们标出他们所处的位置，他们就能够开始表达出一个小小的改善会是什么样的。例如：

老　师：金姆，在 1—10 的评分中，1 分代表你一点也不理解昨天的代数作业，10 分代表你能很好地理解它并能取得 100 分，那你现在给自己评几分？

金　姆：我猜大约在 5 分，一半吧。

老　师：要让你达到 6 分，我们能做点什么？

金　姆：帮助我理解第 68 页中的练习——那是我不会的地方。然后我就可以完成作业，就不会得到这么不好的成绩了。

或者，

老　师：拉里，假如我要求你在 1—10 的评分中进行评估，1 分代表你在课堂上没有获得任何收获，10 分代表你在课堂上得到了你需要的一切并且考试能得到 A，那么你现在是几分？

拉　里：我认为我现在处于 6 分。我知道我需要完成作业并且上交，我也确实做了，只是忘记交了。

老　师：你知道，我已经注意到当你交了作业时，你做得很好。接下来几天，我要怎么做才能够帮助你记得交作业并且帮助你养成这样的习惯？

刻度化提问不是威胁，相反，这给学生提供了选择他们自己策略的机会。这些问题也给老师一个机会表明，他能够在一个更高的角度上看待学生。用刻度化问句的老师也将发现，了解学生在某个时刻达到哪个点是有帮助的。"证明老师是错误的"这种挑战，能够帮助学生实现更大的改变或获得更高的分数。在以下这个案例中，当学生有一点点退步时，老师便可以这样说：

"你知道吗，上周五你在班上的表现处于'7 分'，看起来你这周有一点点退步。你认为该做些什么使你能够重回 7 分？因为你最近曾处于 7 分的状态。"

◉ 让焦点解决的例外在课堂中发挥功效

本章一直强调，看到学生问题的例外是用以发现解决之道的策略。它也十分关注老师和学生的关系，并且认为注重培养师生关系是另一种有助于学生成功和增强自信的策略。不管在学生身上寻找例外能否使学生看到自己的能力，例外探寻仍能造成很大的不同，因此这个策略也适用于老师，有助于他们发现建立良好师生关系的技巧。

无论何时，当你发现你陷入与学生、家长，甚至是与同事之间的拉锯战时，可能意味着你正在关注问题，没有与其他人进行合作。要走出这种纠结状态的一种方式是，看到自己在处理和周围人关系中的优势。本书第三章将会呈现详细目录，帮助你确认处理压力和解决问题的方式。现在的学生需要个性化的方式来满足他们的需求。大部分人都有好朋友、孩子以及生活中珍视的其他重要的人，然而有时他们仍使我们感到沮丧。我们会关心自己说了什么，以及对周围人做了些什么。由于我们的情绪和其他人是相互连结的，因此有时我们会认为过去别人使我们沮丧的行为是一种不成功的尝试，而这些尝试是为了获得我们的注意，以帮助他们解决问题，或者传达他们对我们的关注。当我们具有这种新的洞察力时，我们所做出的反应就会减少争执的发生，并且使受挫的人看到——即使他的策略不能完成某些事情，我们依旧会陪伴着他。

◉ 总结

我们描述世界的方式说明了我们是如何生活和工作的。作为教育者，如果我们能帮助学生、老师和父母用不同的方式感知世界，并鼓励他们心怀希望和成功，我们就给了他们一种重新书写他们生活故事的方法。像其他故事一样，这件事需要立足在他们的系统中进行编辑和改变，通过改变来引导学生展现自我风采。于是，老师就有了机会用不同的方式改变故事的结局。

练习活动

学习构建解决之道

这是处理学校问题的练习,将会帮助你开始以更符合焦点解决的方式进行思考。想一想目前在学校中,你最需要面对且最有挑战性的情境。在你完成这个练习之后,思考一个你可能会遇到的、当前的个人困境,并使用同样的问题来帮助你找到新的解决问题的方法。

聚焦问题取向

回想一下,你今年在学校遇到的最具挑战性的一个问题。把它写下来:
_____
_____

为使情况好转,必须要改变的是什么?
_____
_____

为了实现目标,你已经尝试过的策略是什么?将这些策略写下来:

1. _____
2. _____
3. _____
4. _____
5. _____

这些策略中最有用的是哪些？在这些策略前面打"√"。

这些策略最不起作用的是哪些？用一条线划掉这些策略。

焦点解决取向

写下一个困扰你的问题。当这个问题在学校中不再困扰你时，你（而非其他人）将会做什么？

_____
_____
_____

学习建构解决方案

假如这个问题涉及其他人的改变，那个人需要做些什么才能帮助你摆脱这个问题？那又能使你做些什么？

_____
_____
_____

试着回想一下，在过去你能够实现小小目标时的情形，或者有一点类似的情形（思考你个人生活中的优势，如在其他关系中或者其他工作领域中的技巧）。那时，你做了什么似乎是有帮助的？（如果这个问题与他人有关，想一下尽管这个人不愿意去改变，但你做了一些什么不同的事情。）

_____
_____
_____

想象当问题不再那么困扰你的时刻。写下那些时刻中你的行为和想法是什么。
_____
_____
_____

思考一下你的同事、朋友或家人会说你通过做哪些事实现了这些目标,当然即使只是实现了一点点。

1._____
2._____
3._____

运用你刚才列出的策略,你认为能够开始做的一小步是什么?
_____
_____
_____

成功的证书

这张证书是

_____

已经成功

_____

_____

这个成功通过下面的方法实现：

_____

签字：_____　　　日期：_____

第3章

与具有挑战性的学生共事

"永远不要让学校干扰了你的教育。"

——马克·吐温

一位来自美国德州阿灵顿郡的、具有丰富经验的小学老师佩姬·埃尔罗德，提出了这样一种困境：

> "请帮我学会处理那些既不尊重自己也不尊重别人的学生与成人。这星期，我有个学生在课堂上睡觉，后来我发现他前一天晚上遭人殴打了，但由于他的情况不够严重，无法帮他上诉。唉……在这种情况下，我能做什么呢？我知道我能做的只是给他微笑、拥抱和关爱。"

埃尔罗德老师的行为胜过了所有能够表达的语言！这个学生是那么幸运，因为在他的生活中有像埃尔罗德老师一样的人。对埃尔罗德老师来说，更幸运的是，她学会了在做出反应之前要先询问清楚情况。她改变了学生对世界的看法，至少用她的善意在那一刻使这种情况发生了。学生可能永远不会忘记老师那天对他的理解和安慰，即使他回家后可能还会面临糟糕的境遇。

在本书的所有章节中，第三章是最难写的，因为第三章中描述的需求深植在我的心中，却一直挑战我原有的想法。为了写出这个有用的章节，我请教了全年级的所有老师，请他们帮我填写问卷，并描述他们需要从类似这样的书中获得什么。他们的回应贯穿了整个章节，也将作为讨论的引子。除了教师们的回应，我还采访了学生，并将教师关心的东西与学生对这些教师的看法进行了对比。事实证明，学生们的回应是十分宝贵的。这些回应为我们寻求接近并教育他们的方法铺平了道路。根据问卷和学生回应的特点，第三章的内容可能会挑战一些教师认为学生必须准备好学习和尊重人的时候才能接受教育的观点。

此处为那些感到挫败和防卫的教师提出了一些建议,尽管这些建议乍一看可能让人觉得不公平和不舒服。

本章传达了这样的主旨:绕开学生的问题或行为,通过接触和教导,从这些最具挑战行为的学生本人身上寻求答案。本章讨论的不再是那些我们熟知的学生和教师,而是把教师看作训练者,把学生看作实践者。在这个世界上,学生们很容易陷入道德、行为和情绪的不良状况中,要想让他们步入正轨,我们必须坚守自己的个人道德观、与他们不同的行为方式和情绪支持——并走出他们的系统来这么做。我们不能陷入试图在教室里解决问题的行为中。做好准备,第三章是由你和你的学生共同撰写的。

重新训练有挑战性的学生

当一个学生前一天晚上听到她妈妈说"我讨厌你和你爸爸,所以我要离开你们",她该如何投入学习?当一个少女被继父乱摸的时候,她如何能够准备好生物考试?当一个高中男孩的妈妈正在隔壁吸食大麻的时候,他会如何思考自己在学校学的毒品防治计划?他们做不到,与之相反,他们来到学校,不去思考、学习,或者不用我们能理解的方式与我们交流他们的需求。他们用从他们的世界里学到的一种不成熟的、不恰当的方式来传达信息。大学咨询师和特殊教育老师艾娜·克罗提供了下面的观点,鼓励我们用不同的眼光来看待这类学生:

> "当有人说一个学生很懒惰或对事情漠不关心时,我看到的是一个红色警告信号,提醒我必须高度关注这个学生。多数情况下在我与学生交谈之后,我发现她只是有些沮丧或对家庭生活感到羞愧。我会支持她、帮助她,直到她看到有这么一个人,永远不会放弃她。是的,我不会放弃任何一

个学生,很快她就会跟我合作,这种方法很管用。"

焦点解决教师知道一个儿童或青少年会通过偏差行为、错误传达或较差的学业成绩发出一个危险信号,他们需要的是与他们的行为或言语相反的东西。学生需要从教师那儿获得一个意料之外的反应,这样他就能知道他的偏差行为是没有用的。这意味着教师必须做点不一样的事情。但这不是说要教师必须做出让步、迎合或对学生表里不一,也不意味着教师会因为对乔伊做了预料之外的事而对班级失去控制,而是让大家有机会了解乔伊的困难情况。他们能够很敏锐地看到老师的所作所为,并感谢老师设法让乔伊平静下来。教师利用了自己的人际技巧,让乔伊整个人都不同了。在探讨如何解决问题的过程中,请随手写下你在处理压力和冲突中的一些个人技巧。你会发现,你比自己想象的更有天赋,而且当你开始利用这些天赋时,你的学生将会从中受益。

◉ 个人技巧在教室情境中的应用

教师拥有的人际技巧可以作为班级管理策略的基础。这些技巧不仅可以帮助教师应对不同的学生,还因为它们是令人舒服的、天生的,所以更能自始至终保持一致性。从下面的例子中可以看到,教师们是如何运用焦点解决策略来解决学生的问题,并且用自己在其他情境中有效的个人技巧进行强化的。

问题解决的自我探索

问题：冲突

当遇到有人与你持不同观点或不同行为时，你通常会与这位重要他人起冲突吗？或者你们一起找出这种差异的解决办法吗？

通常哪种方法更有效？

你是怎么想到那么做的？

当你那么做后，你的朋友或重要他人会说你用了什么方法，让他们对你积极地倾听和回应？

课堂上解决冲突的方法

_____
_____
_____
_____
_____
_____
_____
_____
_____

问题：我应该怎么帮助那些受伤、感到压力或受挫的学生？

当对你来说重要的人受伤、感到压力或受挫并迁怒于你时，你会怎么做？

在你说些或做些什么之前，你会怎么看待这个人？

当你知道他们曾经成功处理过相似的情况时，你会对那些有压力和受挫的人说什么？

当你的重要他人伤心时，你会做些什么或会如何安慰他？

帮助受伤、有压力与受挫学生的方法

_____
_____
_____
_____
_____
_____
_____
_____
_____
_____

问题:应对那些缺乏基本信息的人

你会怎样以一种尊重的方式将信息传递给亲密朋友,使他们愿意接受帮助而不是防卫?

你如何做到尊重对方并且不放弃?

你如何保持冷静和耐心?

以尊重的态度帮助那些缺乏基本信息的学生的方法

_____
_____
_____
_____
_____
_____

问题:你感到有压力

压力会经常闯入我们的生活,你将如何有效地应对,以使这些压力不影响你继续诚恳地对待那些对你来说很重要的人?

你怎么做才能让你的担忧不影响到别人?

你会对那些对你来说很重要的人说些什么,让他们知道他们并不是问题所在?

在你感到有压力时,你会怎么向他人求助,使他们愿意友好地帮助你?

应对班上压力的方法

_____
_____
_____
_____
_____
_____
_____
_____

此练习源自弗曼与阿霍所著的 *Reteaming, Succeeding Together*（1997）中所呈现的想法

辛迪

学生

辛迪今年10岁,这次拼写考试又没考好,得了65分,因为她没复习肯恩·艾德老师给的复习资料。辛迪很难过地把考卷揉成一团扔在地上。现在是2月,而辛迪在去年秋天的拼写考试曾拿到过80分和90分的好成绩。

教师

肯恩·艾德是一位漂亮而且有许多好朋友的老师,她自认为是一个有爱心的人,喜欢不带评判地倾听亲朋好友的心事。由于这样的特质,在教师休息室里总有许多同事围在她身边,他们通常都会从她那儿得到许多鼓励。

教师的策略

"辛迪,你知道吗,我从成绩册中看到你的成绩时感到很惊讶。你来和我一起看看这里,看到上学期这些80分和90分的成绩吗?这些都是你取得的,你觉得你上学期做了什么不一样的事,让你可以取得那样的成绩呢?"

"我还记得如果你专心听课,和同学一起复习,就会取得好成绩。现在我让你选择一个学习伙伴,星期二你们可以一起坐在走廊里,或去图书馆复习这些单词。你知道怎样才能取得高分。如果你下星期做到这些的话,我一定会很高兴。"

结果

辛迪的妈妈打电话给老师,问辛迪在学校时有什么不一样,因为她回家时很高兴。辛迪的拼写成绩开始及格了,而且只要辛迪表现良好,肯恩·艾德老师就会归功于辛迪努力把功课做好,并总会询问辛迪进步的小秘诀。

罗杰

学生

罗杰今年15岁,他从来没有选修过高级课程,在学校成绩平平,但他很享受课程之外的活动。对于别人对他的期望,他一点也不关心。当他进入高中之后,他的咨询师从学业成就中发现,罗杰的语言成绩超过一般同学,于是把他安排在英文重点班,想看看他有什么样的表现。有一天,罗杰的家庭作业——定义题的部分没做完,于是自己赶紧编造定义,就在快写完的时候被他的老师科克斯当场捉到他正在填空格。

教师

科克斯老师是学生咨询委员会的负责人。学生们很明显地看出她热爱教学。在学校时,她总是很少有自己的自由时间;她一踏入学校,就会被学生们包围。她喜欢与学生谈天说笑,用她温暖的幽默感和爱心逗弄学生。她乐于和同事合作,如同她以善意的态度对待学生。她也是一位果断的老师,可以从外在表现看透学生,并以一种能软化学生的抗拒、解除他们的防卫的方式回应学生,所以学生很少会跟她过不去。

教师的策略

"罗杰,这些答案很独特、很聪明,这是你自己编造的吗?(罗杰点头且不好意思地微笑)因为这是你自己编造的,所以你知道你的分数不会太高。可是,哇,你知道吗?我喜欢这些答案,我特别喜欢这个,为什么你不把剩下的定义查出来,在下课前把作业交掉呢?

结果

在罗杰的学校生涯中,从没遇到过像科克斯这样的教师。当他写出一篇小短文,科克斯会帮他检查句法,并表扬他比其他同学有更好的领悟能力和表达能力。他的能力是她的关注焦点。在她的帮助下,罗杰进步迅速,并想成为一名优秀的学生。第二年,罗杰选修了所有的高级课程。今年,当我在写这本书时,这名学生——也就是我的儿子罗杰,已经申请到一些顶尖的大学。他想成为一位作家,并且以优秀的成绩毕了业。科克斯是怎么激励一个只有中等成绩的学生呢?她曾经说:"有时你必须向后看,不要把一个学生消耗殆尽。我们必须看到学生的整个人,罗杰是有领悟能力的学生,而我会是一个不懂灵活变通的人吗?我必须找到一种方法去挑战罗杰,并对他有些期待,而不是让他感到沮丧。"

阿曼多

学生

阿曼多是一名20岁的高三学生,他就读于一所毒品和暴力横行的高中,警察必须不时在走廊上巡逻,老师们也必须很努力维持课堂秩序才能好好上完一节课。每次阿曼多上英文课时都在睡觉,所以快到下学期时,他担心会得罪新来的老师。他来上学是因为他真的很想毕业,虽然学校对他来说很无聊,而且他的成绩也不好。

教师

这是安吉尔老师教学的第一年,她知道这里有许多学生整节课都在睡觉,有人建议她最好学聪明点,允许他们睡觉,至少他们不会干扰上课。此外,安吉尔很惊讶其他老师在走廊上会对学生大吼大叫。当她穿过走廊,她常常觉得好像自己可以用双手掌握自己的生活。在她的个人生活经历中,她已经学会了坚持不懈。在她就读法律系二年级时,她很快发现法律系课程僵化、不讲情感,这不符合她看待人的态度,于是她改变专业方向,申请教育学。现在她意识到,她已经找到了适合自己的工作。

策略

安吉尔老师注视着阿曼多,就像看一个重要人物一样。她想到阿曼多已经20岁了,与一群16岁的孩子坐在同一个班级里,一定感到很无聊。虽然有人告诉过她,阿曼多曾在学校卖毒品,但她决定暂不理会那些谣言。为了不让阿曼多整节课都在睡觉,上课时,她常走到阿曼多的位置旁,轻轻碰一下他的肩膀或手臂,并提醒他说:"注意听听那些有趣的内容。"下课后,她常要求阿曼多留下来,询问他对这节课的看法,她专注地倾听阿曼多的建议。她不断地与阿曼多交谈,并表扬他所做的任何努力。

结果

阿曼多开始参与到英文课堂中。如果他看起来想打瞌睡,安吉尔老师就会让他回答问题,而且要求他得先把作业交了才能离开教室。阿曼多的英文成绩开始及格了,最近我去听安吉尔老师上的英文课,发现所有学生的眼光都集中在安吉尔老师身上。安吉尔老师的吸引力和言语提醒,让学生们的关注点集中在课堂上,当然,阿曼多的注意力也非常集中。

班级困境的解决之道

当我写这本书的时候,我曾经与很多老师交流过,询问他们在教室中最需要的是什么。下面将列出他们的需求内容。

班级困境1:不懂尊重、破坏秩序及缺乏学习动机的学生

"帮助我对付那些缺乏学习动机、破坏秩序和不尊重教师的学生。对他们来说,学校并不是最重要的。他们的父母也会因为我们无法在学校解决学生的问题就轻易指责我们。"

"我想有什么方法能够与那些很少或根本没有学习动机的学生进行交

流。"

"我的一个学生攻击了副校长,我们已经打电话向911求助了,但我还是感到担心。"

"我最大的挑战是,去年我有一个学生,他的行为很不靠谱,家长也不支持我,也很少有行政方面的帮助。今年这个学生拿刀威胁校长。我们将会有越来越多这样的学生。"

班级解决之道1

那些不懂尊重的学生早就预料到你会与他们进行对抗,而对抗只会引起更多的对立。那就做些他们意想不到的事情……比如保持冷静或其他一些不一样的行为,使学生的不尊重态度对你不起效。不过,要确保危险的学生不会伤害到其他人。当这些危险学生回到教室的时候,最好能够立即与他们建立起良好的关系。

下面的个案研究,是一位使用焦点解决思维的老师改变了一名其他人已经放弃的、不守规则的、不懂尊重的青少年的案例。当你阅读这个案例时,请特别注意焦点解决取向与其他问题解决取向的不同之处。

个案研究:良好的开端

克罗斯是一位戏剧学老师,他非常欢迎约瑟来到他的班上。约瑟是一个高中生,刚从替代学校来到这个班级。当约瑟开始破坏班级规则时,克罗斯老师试着用了好几种不同的方法来引导他,但约瑟并没有什么反应,于是克罗斯老师把约瑟送到了教导处。十分钟后,约瑟从教导处回来,并嚼碎了那张警告单,当他经过克罗斯老师身边时,这时克罗斯老师刚好站在讲台前,约瑟就把它吐在了克罗斯老师的鞋上,其他三十名同学以为要发生一场骚乱,克罗斯老师迅速思考后,对约瑟说:

"约瑟,我看不到上面说了什么,你介意帮我把它弄干净吗?或者你可以再去拿另外一张警告单?"

约瑟很惊讶地走了出去,重新去拿警告单了。因为之前从没有哪个人对他的古怪行为做出这样的反应。十分钟后,约瑟把新的警告单放在讲台上,克罗斯老师向他表示感谢。在剩下来的时间里,约瑟在纸上乱画,克罗斯老师却称赞了他的艺术作品。第二天一大早上课前,约瑟来到克罗斯老师面前,说道:

"克罗斯老师,我对昨天的事感到抱歉。"

后来,约瑟几乎整个学期都待在学校。他和克罗斯老师在走廊上碰到时,还会相互击掌,这让其他老师感到很惊讶。约瑟的态度改变了。在克罗斯老师的鼓励下,约瑟参与了戏剧的设计工作。在大部分的课程中,约瑟的态度都很好。有一天上戏剧课时,教室后面有人打架,约瑟起身想要加入他们,但他突然停了下来,然后转身走回自己的座位,趴在桌上。克罗斯老师注意到约瑟的行为,于是在下午下课之后,他写了张纸条给约瑟。

亲爱的约瑟:

　　昨天我对你印象深刻。你没有打架反而坐下来,这么做需要很大的勇气!这学期,在我的课上,你已经表现得很出色了。你为我们的装饰委员会做出了很大的贡献,我为能有你这样的一个学生而感到骄傲!

　　真挚地祝福你!

克罗斯老师

当克罗斯老师把这封信交给约瑟,约瑟看完信后说:

> "老师,我可以把这封信带回家给我父母吗?这封信不会让我挨打。"

◉ 对抗的结果

克罗斯老师知道,当教师改变介入的方向时,学生的对抗行为就会消失。当焦点解决教师感觉与学生之间即将发生冲突时,他总能运用焦点解决的思维方式去做些与众不同或者非预期的行为反应。焦点解决老师会让学生知道老师是为了解决问题,而不是为了争夺控制权。当这么做时,就不会引起学生的抵抗与防卫。同时,老师要保持冷静,搜集信息,让学生了解他的行为并不能达成他的目的。当你面对在行为上挑战你的学生时,请记住以下这段话:

> "不要以问题为焦点,用防卫性的行为来回应学生,否则学生的抗拒会更多。当我和学生交谈时,我会用非指责性的、没有威胁的姿态询问学生,我们该如何才能一起解决问题,然后我会先从自己做起,为学生树立典范,让他也采用不一样的方式来回应。我也要记住,有可能他开始时不会改变态度,但我必须继续坚持。"

◉ 遵循 R.E.S.T. 原则

在与学生互动过程中,老师要将 R.E.S.T. 这几个字铭记在心,因为这能帮助你解决问题:

R(Redescribe)重新描述学生的行为:改变你对学生的看法,这会使你的策略更具创意。

E（Examine）找到学生的例外行为：找出例外发生的时刻,比如你成功地赢得学生的注意,或当学生比较成功的时候。

S（Strategize）找到一种回应学生的新方法或策略：思考你过去的策略,找出无效的部分,不要再重复它。相反地,重复做那些偶尔成功的策略并检查这些策略与旧策略有什么不同,然后继续使用这些策略。

T（Teach）教导你的学生,告诉他们无论发生什么,你都会尊重他们：通过你的言传身教向学生传达一个信息,即你承诺师生之间是友善和畅通无阻的。

用这种方法行动并不意味着只为了一个学生就要放弃全班的管理计划,而是表示我们会用灵活的班级管理方式来对待他们,这样其他学生也可以感受到更好的班级环境。这种关注可以是克罗斯老师写的信,或是一个对课堂作业的非预期的夸赞。也可以是简单地站在学生的课桌旁,微笑着或轻声告诉他,他在上课过程中的专心表现很令人欣赏。当约瑟有不良行为时,克罗斯老师可以像其他老师那样对待他,但那很可能使他的不良行为持续下去,继续把他当作麻烦的制造者,这个名声就是他过去一直背负的。通过做一些意料之外的事情,克罗斯老师反而使约瑟表现出了不同的行为。他对约瑟的新看法改变了约瑟对自己的感知,因此结果就是约瑟产生了新的良好行为。老师和学生都在这种新的环境中得到了成长。

老师希望学生服从权威,并且这是一个很好的理由。然而,当他们的父母深陷牢狱,或者那些理应爱护他们的长辈却对他们呼来喝去,他们又怎么会用积极的态度去看待这个世界呢？他们由此学会了不尊重他人,唯一的方法就是让他们生活在一个受人尊敬的环境中,去体验这种受人尊敬的感觉,在这种环境中任何人都不可以无理地对待他人。在课堂上,老师们可以通过认可和接纳学生,再通过亲身示范培养学生,使学生发生改变。如果没有这些努力,老师们还是像以前那样,用吼叫、恐吓和忽视对待学生,那么这些行为也将成为学生们成人以后的行为。我们必须将自己视为教练，每天花六个小时来训练他们。为了能使他们发生改变，我们必须在所有新训练开始之际获得他们的关注。

获得学生关注的一种方法是，对学生的行为或习惯进行一系列实验。史蒂夫·德·沙泽尔提出的"初次谈话的标准化任务"就是一个很有效的方法，能够帮助学生对他们的学业、行为及情绪稳定给出一个期望值。这个任务不仅能削弱学生的防御心理，还能够建立他们观察自己行为的责任感，从而改变行为产生的过程。这个任务可以被称为一项"实验"，它为学生提供了一种方法，使学生学会如何观察学校状况比较好的时候。如果学生不能准确说出一个具体的问题，他只需要在接下来的在校时间中发现他享受或体验到成功感觉的时刻。当学生参与到观察任务中时，他在课堂上的表现就会有很大改变。这个任务对那些没有时间参与教学问题讨论的老师和管理人员同样有效。邀请教育者观察什么时候他们的工作相对没有压力、工作更加高效，或者鼓励他们开始从不同角度看待自己的工作。对于大部分人而言，新的视角能够改善压力情景。

◉ "初次谈话的标准化任务"实验

初次谈话的标准化任务（De Shazer, 1985）

在接下来的几天时间里，我将会在我的课上观察你不受行为干扰的时刻。我会特别在以下时刻注意观察你，即注意力集中、完成功课、认真上课或者行为表现不同于以往的时候。我会把这些时刻观察到的行为记录在纸上。如果你愿意，你可以把这个纸条带回家给你的父母看。

我也想要你注意到你在教室里表现良好的时刻。你愿意留心一下我的哪些举动似乎是有帮助的吗？对于你的想法我非常感兴趣。

> 我必须慎重地提醒你,有时候破除恶习是一件很困难的事情。所以,我们需要一起去尝试并寻找更为有效的方法,避免无效之举。

班级困境 2：聪明但并不专注于学习的学生

"谁能帮我找到一个方法,让那些不做家庭作业或课堂作业的学生也能通过考试?"

"老师的工作又不仅仅是教书！我们还有很多工作要做,各种报告、报表、期末考试准备,做这,做那……我们只希望我们走进教室,做完我们该做的事,为学生制订教学计划。"

"我需要确实能够解决 2% 的学生带来的问题的方法,他们几乎从不做作业,整天喋喋不休,破坏课堂纪律。"

班级解决之道 2

观察学生的兴趣和他们的能力,然后称赞他们,并不是表扬,而是问："你是怎么画出这么有趣的画的?""怎么写出这么短小精致的散文?""怎么成功做到让注意力集中一会儿?"……向学生传递这样一种信息：在他们成功之前你绝不会放弃他们。相信问题的例外,这样你就能找到更好的解决方法。

个案研究：努力超越

三年前当我初次见到科克斯老师时,她旺盛的精力让我印象深刻。那晚,我走进她的教室,我儿子的一位新高中老师热情地握手欢迎我,她说："我很荣幸今年能够担任你儿子的老师,我真的很高兴！"她这么说,我很是惊讶,对她的话半信半疑。随着我们聊天的继续深入,她向我描述了接下来九个月的时间里儿子要学的课程,我开始希望自己能回到高中时代,这样我就可以坐在课堂上听她讲课了。不过,她是相对资历较浅的老师,我对她是否能保持热情的工作态度是怀疑的。而接下来一年中,我不断听着我儿子描述他的作业、他的想法,以及上科克斯老师的课的有趣事情,得知她的热情一如既往。而且,当我儿子结束高中课程时,科克斯老师的热情也增加和扩展了,并且超越了那天对话的内容。我儿子和我在这方面拥有共同的回忆。科克斯老师教过他,她是一个热爱工作,并将自己对学习的爱转移到学生身上的老师。我儿子自从成为她班里的学生,就开始认真地学习,并对他自己也有了不一样的看法。

我们大部分的人都能回想起这样的老师:他挑战我们,让我们有不同的想法,并且激励我们成为我们自己想成为的那种人。你的那位老师是谁呢?他做了什么让你产生了变化?是否激励你成为一名教师?或者由于他对你足够信任,使你愿意积极地面对未来,并不受约束地坚持下去?令我最难忘的老师在我的学校生涯中很晚才出现。弗兰克·托马斯博士是德克萨斯女子大学中教授我硕士课程的一位老师,在首次参加了他的课程之后,发现他热衷于焦点解决取向的思考,对人的胜任力有不可思议的尊重,让我的思考方向完全转变了。他一直是我的恩师,后来还作为我的主要指导教授,鼓励并督促我发表我的第一篇文章。究竟这些教育者们在授课中所传达给学生们的热忱、激励与好奇心所凭借的特质是什么呢?而答案就在于他们与学生建立的个性化关系之中。他们为学生打开了一扇探索之门,使学习变得有意义且持续有效。这些特别的老师做到了其他教师忘记做的。他们相信我们,并且还说服我们去做我们想做的事,有时甚至并没有说出来!

当我遇到拉丽莎·考克斯,并且邀请她为此书提供一则故事时,她与我分享了下面这则"乔"的故事。当你读到乔在班级中的改变和进步时,请仔细思考一下,一个问题取向的教师会如何跟与乔这样的学生相处。然后,去注意科克斯老师所使用的有效又简单的焦点解决方法:专注于乔的优点,并且决定做不同的事情去接近他。即便乔的方向与科克斯老师之间是有冲突的,有种可选择的方法是,读懂科克斯老师想要与乔形成的关系。

个案研究:不要成为"卡洛琳老师"

在哈珀·李的经典小说《杀死一只知更鸟》中,史考特在她上学第一天就发现自己惹了麻烦。她犯了什么错?她早就学会怎么阅读了。"现在告诉你爸爸,不要再教你阅读了。"这是卡洛琳老师的命令,她是史考特的老师。卡洛琳老师的错误在于除了破坏了老师与家长之间的关系外,还认为学生未上过学就懂得阅读是件坏事。史考特的回应则是:

> 我感到很抱歉,我不想再去想我的错误了。我从不是故意要先学会阅读的……我记不住当时发生了什么,随着阿提库斯手指移动出现的一行行字变成了一个个词……每天晚上当我坐在他的大腿上时,我会跟着阿提库斯一起读任何他准备的内容。直到害怕失去时,我才知道我是多么喜欢阅读。谁会去想自己喜欢呼吸呢?!

呼吸?是的,她把阅读比作像呼气和吸气一样自然的无意识行为。一般意义上,首次阅读并学习到东西就像孩子的第一次呼吸一样。但是当这些发生时,卡洛琳老师来了。小说中,卡洛琳老师也遇到过没钱吃午餐或像"寄生虫"一样的学生,对于这些学生,她总是没办法,并不是因为她太年轻或者是缺乏经验,只是她没有能力发现孩子真实的一面。

最近,我三年级的班里有个很聪明的学生,但是他很懒散。这是很滑稽的特点组合。他喜欢"完成"老师安排的作业,但是完全不按照作业的要求,只是写一些尖锐的问题和自创的评注。我猜想,其他老师只是略读或仅查看一下作业是否完成,因此没有发现他写的内容,所以他也能拿到学分。他以此嘲弄老师并感到开心。我敢肯定,如果有老师为他荒谬怪异的行为生气,他也许会激动不已。

但是,我决定把问题丢给他自己,事实上,我很喜欢他写的东西。他通常会详细地解释为什么我会问无聊的问题;有时他会试图证明作业内容很无礼;有时他会喋喋不休地辩解为什么他会不知道问题的答案。他的回答总是冗长的、幽默的和充满思想的。我会逐字逐句阅读并给出评价,称赞他极富创造性,具有逻辑性思维和批判性思维。我也会指出偏离主题的部分,最终我会公正地给出一个精确的分数。尽管他能给出很精彩的回答,但是如果他没有按照我给他的主题来回答问题,我还是会给他低分,不过有补考机会。他喜欢我阅读他的文字并给出点评;他对低分也感到很失望。不管是出于何种原因,他似乎想要取悦我。慢慢地,他开始将他的才智和创造力运用在正确的作业和主题中,这一切都让我很惊讶!我为他而感到骄傲。幸好当初没有走错一步,否则我将会永远失去他!

不管来到我们面前的学生是什么样子,作为教师的工作职责就是——评估学生的现状,并带领他们往前走。是的,这份责任很重大!教师的职责是无法衡量的,也是很重要的,并且也是不计回报的。即便根本的责任在孩子自己,但在孩子们内心深处都是渴望学习的,而我们的工作就是让这成为现实,并且创造条件和环境使之成为现实。例如:在我的班级里,如果有些事情没有起到该有的效果,那么十有八九是我的错。例如,琳赛是在看杂志而不是阅读《恺撒大帝》,那是因为我没有激励她完成作业。我发现如果尽可能地将我的期望和要求表达清楚,那么这对他们会很有帮助。上课时,我想让他们把语文书、一张纸和一支笔放在桌子上,如果我不明确地去要求他们这么做,他们并不知道或根本不会这么做。除此之外,如果学生没有准备好就开始上课,那也是毫无意义的。我班上这群十五六岁的高二学生喜欢猜,谁会因为桌面整洁而率先得到我的口头表扬。而我只会说:"看看凯莉,她是你们的榜样!如果你们想知道怎么做是正确的,那就看看凯莉吧!"那些平时上课注意力不集中、不投入的学生就会大声喊道:"嗨,科克斯老师,我也是个模范学生!"这是很奇妙的现象,我称之为积极的同伴竞争,事实的确如此。

阅读和学习应该像呼吸一样,很不幸的是,如果方法不对,那么学习将会像接受中国古代的刑罚一样痛苦不堪。如果当时卡洛琳老师能早一点发现史考特的阅读能力,并且说:

> "史考特,我对你的阅读能力印象深刻!今年我真的需要你在班上起带头作用。猜猜我还希望什么,我会帮助你,教你可以阅读得更多、更好!当你再次与父亲一起阅读时,你的父亲会为你骄傲!"

想象一下,在这样的赞扬之后,史考特对自己的看法将会发生多大的变化!学生来到我们这里时,各种情况都有:兴奋的、悲伤的、受到伤害的、高度紧张的、聪明的、有才的、懒惰的甚至是肮脏的。一次责备、一次消极的回应、一个不小心都可能会使学生伤心、觉得丢脸或是失去信任。教学并不是那么容易的。老师的工作职责是要满足每一个学生的需要并且引领整个班级向前走。一定要记住,很多学生在过去都曾遇上一个或两个卡洛琳老师,使他们不愿意前进。每年,当许多学生对我真心关心他们和他们的学习感到惊讶时,我总是会感到很难过。作为教师,我们必须愿意去调整、修正、改进我们的计划和想法。我们必须对孩子形成个体差异的要素保持接受及乐观的态度。只有这么做,我们才能激发孩子的潜能,并能挖掘自身的潜能。

◎ 就在今天，接近一个学生

现在的教师已经被管理、案头工作和学生所淹没！建议每个老师考虑学生在情感上和个人学业上的需求显得有点奇怪，但却是很重要的。用不同的视角看问题可能会更有帮助。科克斯老师利用她的策略来激发乔的动机。乔是一名学生，科克斯老师用的方式是乔的其他老师以前从没做过的。通过观察乔的反应，科克斯老师改变了乔的行为并成功激励了他。当一个像乔一样具有挑战性的学生在班上其他三十名学生面前做出改变时，整个课堂氛围也会发生戏剧性的变化。当其他学生开始注意到老师是如何亲近和了解那个学生时，他们也会成为老师的同盟，因为他们看到了老师所付出的努力。想象一下，如果明天有一个或两个学生表现出了善意的行为，并与老师合作，那么你的课堂将会有多么不同。也许，你不会再有这样的想法：

> "我没时间管他，我还有二十九个学生要管呢……"

也许，你会这样想：

> "就在今天，我对这个学生要怎样做些不一样的回应，从而使得整个班级氛围都变得不一样呢？"

你会把曾对学生尝试过的策略都一一写下来，删除那些无效的策略。这也意味着，你需要这样思考，"我只是还没发现获得他的关注和尊重的方法，我需要继续观察能引起他兴趣的事情"，而不是什么也不做只等着学生发生改变。为三十个学生中的两三个学生设计这样的策略，似乎实现起来更容易一些；与此同时，如果这些策略能够得到同事或团队的支持，那么老师会对此满怀希望。同时，当学生了解到老师为了改善师生关系或自己的学业如此用心时，他们会铭记于心。老师们努力了解学生并分享信息,这对学生传达出这样一个无声的信号:"我必须值得老师为我花费时间!"

新的"头脑风暴激励策略"工作表可以作为一种方法,为最具挑战性的学生想出一些新的可能的方式。无论是一个6岁孩子老是忘记举手就开始说话,或是一个10岁孩子拒绝安静地坐着,又或是一个14岁孩子老是发表低俗言论而使你抓狂,只要想到做些新的或说些新的东西,就会产生不一样的效果并改变师生关系。

班级困境3:缺少家人支持的学生

"我必须要找到一种方法,将道德、价值观融入当今的生活方式中。"

"帮助我协助孩子们摆脱那糟糕的家庭环境。他们的父母对他们漠不关心,也从不照顾和养育他们。"

"我该从何下手?当学生在班级里大声吼叫,我不得不打电话给她妈妈。她妈妈却说我对她的孩子不公平,是在找茬。她竟然说,'说话是人的本能。'"

班级解决之道3

不管你是否认为自己可以使学生有所改变,你都将成为他家庭之外的支持系统中的一员。暂时把"家长必须支持孩子学习"的这种想法放置一边。当得不到学生父母的支持时,学生效仿且可以信任的成人对象就只有教师了。通过焦点解决提问来帮助孩子发现解决方法,灌注希望并证明他们能够成功克服这一困境。

第三章·与具有挑战性的学生共事

头脑风暴激励策略

当需要一个新方向去接近具挑战性的学生时,以下焦点解决取向的概念与问句很有效,导师、行政人员及教师团队都可使用这些问题。

1. 请检核你过去无效的策略,并且停止使用。

"过去处理学生问题时,我曾经尝试哪些无效的方法?"

_____

_____

"如何与学生合作?如果他的行为传达了一些什么信息(兼具正面与负面的),我如何让他了解我会专注倾听?"

_____

_____

2. 为你自己设定一个个人的目标:以不同的方式了解学生。

"你对这个学生设定了什么目标?是学业吗?"

_____

_____

"要用什么样的言行,才能让学生了解我为他设定的目标?"

_____

_____

"学生什么样的言语便可以表示他知道我已比较了解他的需要了?"

3. 检核用什么方式来与此学生工作会是有效的。学习与学生合作,他的抗拒自然会消失。

"我何时能获得这个学生的注意,即使只有一点点?"

"过去什么时候,这个学生比较有兴趣上课?"

"就今天而言,我什么样的回应可以让他知道,他已得到我的注意?"

"如何让他得知我注意到了他今天的那些有趣之事?"

4. 观察学生在其他课程显示出他的兴趣与能力的行为或活动;确认在那些课堂所发生的事,并视其为解决之道。

"我今天有何言行使学生变得不一样?"

"当时在教室中,他的这些行为出现时,我说了什么或做了什么?"

5. 告诉学生,让他知道:你很关注他,他可以表达你该怎么做才能使这个对他更有帮助,以激励他建立自我的期望。

"我们在这里,能做什么可以帮助你读得更好?我对此很感兴趣。"

"作为你的老师,你需要我哪些协助呢?"

多年前对那些不符合学校要求的学生行为进行控制和纠正是行得通的。那些时候,学校深受社会的敬重,教师和行政管理者们也得到了家长的全心支持。而如今,学校能够联系上家长实属难得。由于缺少父母的支持,加之父母本身的问题和由于父母认为学校必须解决所有问题而产生的不断抱怨,老师们必须找出一种不一样的方法来亲近和了解学生。父母的问题不是、也不应该被定义为孩子的问题。老师必须给予学生在家里没有得到的一切,比如时间、尊重和对成功的坚持。焦点解决教师把不好的家庭环境看作孩子不能利用的资源,而不是孩子未来发展的障碍。相反,焦点解决教师认为学生每天有 6 小时在学校,每周 30 个小时,而这段时间给予了他与学生共处的绝佳机会。

以下个案研究中,一位小学老师帮助一名深受成人威胁、缺少支持系统的学生,让他相信要尊重自己,把自己看作是一个有能力的人。虽然老师的内心也有挣扎,但她表现出完全不在意学生的不良行为,而且以一种友善和支持的态度对待学生,从而得到了学生的信任。

个案研究:不要误解我的沉默

蒂姆很喜欢学校,他觉得在学校比在家舒服得多。我们了解到,他的爸爸经常在周末带朋友回家喝酒,而他妈妈会整夜地吼叫,让他们离开。他经常向学校咨询师倾诉他的问题,学校咨询师也给他推荐过很多专业咨询师,并让他私下找他们谈,但他从未赴约。蒂姆是个很有能力的人,尽管有时会比较害羞。他总是在完成作业之后,还热心地帮老师干些杂活。

由于蒂姆一直很愉快,当他来学校并坚持拒绝做作业时,大家都感到很震惊。他只想坐在座位上不动。凯登老师十分了解他,知道一定有什么不对劲的事。她问蒂姆是什么事情,但他并没回答。他只是凝视着老师的眼睛,传达出这样的信息:"请不要问我什么,因为告诉你让我很难为情。"幸运的是,凯登老师继续坚持并请蒂姆迈开脚步走到走廊里。当她想去触摸他的胳膊时,他由于疼痛向后退了一步。"昨晚我被我爸朋友的小孩打了,他已经14岁了,没有人能阻止他。"老师握着他的手,过了一会儿把他带到了办公室。第二天,这件事情被上报给了儿童虐待热线,蒂姆家里人也知道了蒂姆所经受的伤痛。但他的家人拒绝接受咨询,他们声称会对家里的这些事情更加警觉,蒂姆的老师和学校咨询师对蒂姆另外做了一些干预,告诉他如果下一次意外发生,他应该如何做。尽管不能重现蒂姆和老师的对话,但其理念与下面的对话类似:

> "你是一个勇敢的年轻人,我对你能够告诉我发生了什么这一点印象深刻。我想,是否有过这样的时刻,你在家里感到害怕但你能够照顾好自己以确保安全?你具体做了些什么?是怎么做到的?"
>
> "在其他地点和其他时间,当你感到害怕时,你会做些什么?你有没有可以倾诉的对象或是一个你可以待在那儿并感觉安全的地方?"

这些问题没有伤害性,且是尊重孩子和具有预防作用的。它们关注于孩子的优势,帮助他对未来的事情做好准备。这样的干预性问题相当于为孩子预备了一个计划,当他生活再次变得不安全时,就能派上用场。

帮助那些情绪波动较大的学生

想象一下,一位父亲生气地对10岁的孩子说:"排在我生活中第一位的人,是我女朋友,而不是你!"那么,作为孩子的你,会在学校里如何表现?你有多想见你的父亲?你认为自己有多重要?当父母离婚了,那不仅仅是父母分开了——更是孩子的某种感觉缺失了。

儿童会用自己的逻辑方式看待事物:

1. 我爸妈离婚了,他们不再喜欢对方。尽管他们告诉我,一切都会好起来的,但是所有的东西都不会再像以前一样了,根本不会好起来了。

2. 爸爸(或妈妈)说我每个星期都可以看到他(她)，可是那好像要过好久才看得到。

3. 我想独自与我爸爸(妈妈)相处。当他(她)和他(她)的女朋友(男朋友)在一起时，我觉得他(她)不再爱我了。他(她)上周没来看我，我想是不是我再也见不到他(她)了？我想他(她)愿意花更多的时间与他(她)的女朋友(男朋友)在一起，所以他(她)更喜欢他们而不是我。

结果就是，父母离异导致孩子们的精神需要无法得到满足。在学校中，孩子就会表现出易怒、学习成绩不好、情绪低落和行为偏差等。这些应激性行为特别需要得到支持、关爱和接纳。如果孩子在家庭系统中无法得到满足，那么老师就需要帮助他们得到缺失的东西，包括：

- 特别关注
- 额外的家庭作业时间
- 在完成课堂任务上更多的帮助
- 倾听并用焦点解决问题来建立信心
- 有效的想法和行为

每当孩子的表现稍微好些时，老师要大声地说出来：

"哇，你今天太不可思议了！你是怎么能够按时完成作业的？你是怎么做到使自己安静下来阅读的？"

青少年会情绪化地看待事物：

1. 爸爸(或妈妈)的离开让我觉得我在他(她)心中是不重要的，在他(她)生命中会出现另一个更重要的人，但是我不喜欢他(她)。我很高兴父母不再吵架了，但是我却有种被抛弃的感觉。我们曾经很亲密。

2. 我想要我的家重新变得完整，就像我同学的家庭一样。现在，我感觉我的家是一个破碎的家。

3. 我感到很生气,本来我的爸爸(妈妈)说好要来看我,但是却没有出现。我觉得对于他们来说,自己不像以前那么重要了。我很伤心,有种被背叛的感觉。我再也不要和他们亲近了,我伤透了心。

对于青少年来说,课后与他们谈心是很有用的。老师不需要去深究细节,只要针对当下寻找解决之道。青少年习惯根据生活经验、以口头表达的方式解决问题。然而,他们的情感需要更像是一个儿童。使用焦点解决问句探索出他们处理压力情景的方法,能够帮助他们意识到自己已经在有效地应对了:

> "你正处于一种压力状态,告诉我,你是怎么看待上学或在学校的生活的?"
>
> "你怎么做到继续参加垒球活动的?"
>
> "事情这么不顺利,但是你仍能坚持,我很好奇,在这种状态下你会怎么形容你自己呢?"

当青少年感到他们的生活是不可控制的时候,这些问题可以建立起他们的信心,并让他们觉得自己是有能力的。他会发现即使家庭不能接纳他,他仍能知道自己可以继续参加活动,也知道有个人会了解他的努力,认同他的才能并接纳他。

班级困境4:看起来懒散又不配合的学生

> "帮我找到一种有趣的教学方式,并能管理班级秩序。"
>
> "在激发学生负责任方面,我需要得到一些帮助。"
>
> "我需要一些方法,培养学生具有优良品格,灌输给他们道德和价值观……你知道,他们需要被唤醒。"

班级解决之道 4

课堂上的内容要与学生的生活紧紧联系。进入他们的世界,让学生在生活中采用你在教室中提倡的道德和价值观。如果刚开始他们没有反应,那就以平静和尊重的态度继续坚持。

如果今天的老师不必在教室中承担父母的职责来教导学生树立良好的道德品质和责任感,那么教学就会变得轻松许多,不过这不太现实。我们期望那些没有参与并且也不想参与的家长承担起责任——我们只会更加挫败。应对有挑战性的学生,教师可以在他们从替代学校回来后,再把他们送回去。我们可以不断重复这样的策略,也会一直感到奇怪:为什么这些策略没有用?或者,我们可以尝试做些不同的事情,这就需要一种不同的思维方式和反应,就像下面故事中的老师那样。

杰克

杰克是一名高二学生,高一时加入帮派。有一天,他的历史老师威廉姆斯先生在午餐时看到他在自助餐厅和别人扭打起来。稍后,在课堂上,威廉姆斯先生告诉他,他没有把他的"精力"放到更有用的方面实在是太可惜了,因为他有很好的学习能力。看到杰克对他的话题感兴趣,威廉姆斯先生告诉杰克,摔跤队需要一些新成员。杰克以为威廉姆斯先生是在挖苦他,直到威廉姆斯告诉他,明天放学后,他将会和杰克一起去找教练说说。杰克准时参加了会面,教练邀请他参加了摔跤队。当威廉姆斯先生出现在杰克第一次比赛的现场时,杰克突然感到这场比赛非常重要,并向威廉姆斯先生挥手致意。几周之后,威廉姆斯先生注意到杰克穿着与以往不同了,在课堂上的表现也更积极。他的成绩进步了,态度也有所改善。

杰克和威廉姆斯先生之间发生了什么能够激励杰克,并让他去做有成就的事?威廉姆斯先生表现出对杰克这个人感兴趣,并愿意忽略他的偏差行为,尝试做一些不一样的事。在我的经验里,有好几次当有行为偏差的学生发觉成人特意在寻找他们的积极行为时,他们就会改变行为。如果学生感觉到成人试图抓住他们表现不好的行为,那么他们将会很乐意配合你,实现你的愿望。如果成人能够尊重青少年,并真心诚意地花时间帮助他们,而不是采用对抗和命令,他们也会尊重成人。

这确实很管用。不要放弃,直到它起效。

班级困境 5:功课落后、什么都激励不了的学生

> "今年将会有一些学生被休学。他们不知道自己必须要提高成绩才能顺利升学。"
>
> "他的考试分数很高,但是家庭作业的分数却很低。有时候我看到他前一天在学校就把作业写完了,但是他却没有交作业。他必须对自己负责,否则我会让他挂科。"

班级解决之道 5

留意学生做家庭作业的时间点。仔细看他准时上交的科目作业,然后问他:"你是怎么完成那个作业的?"也可以与其他任课老师谈谈,询问他完成其他学校功课的时间点。

对一个迟交作业或忽略学校功课的学生,他容易被误解为具有反抗、挑战、懒惰等偏差行为。以下案例会证明停止这种想法是很重要的。焦点解决提问技术可以帮助我们更容易地发现,什么时候这些行为没有发生,可以引导我们直接解决问题。

个案研究:请放慢速度 —— 我还没准备好成为天才

贾斯廷 10 岁的时候,他的经历已经超过了平常四年级的孩子。他是一个有魅力的孩子,周末的时候,他经常为一个机构建模,会和他当过飞行员的祖父

一起旅行。四年级以前,他在学校的学习一帆风顺。四年级时,他在课堂上开始不能集中注意力,拖欠作业。那时候是新学年的十月。他从幼儿园开始就读于现在的学校,一直非常开心。而现在,他不能在学校完整地待上一天,否则就胃疼。他去校医院,向护士抱怨他病了。护士给他量了体温,发现他没有发烧时就会让他重新回去上课。但是,贾斯廷不想回去上课。这样的情况接连发生,他妈妈每周至少会接到三次从学校打来的电话。副校长建议贾斯廷找人谈谈。

当我开始和贾斯廷会谈时,我发现"疾病"是在他参加学校田径比赛后出现的。当他跑第二圈的时候,突然感觉喘不过气,呼吸困难。看台上的一个家长发现他呼吸困难,就冲向他。此时,贾斯廷已经晕倒了。在急诊室里,他的父母得知贾斯廷刚刚是哮喘发作。贾斯廷的父母非常惊讶,因为他从来没有哮喘,但他们还是遵从了医生的建议,贾斯廷不再参加任何学校活动,尤其是田径。

贾斯廷似乎一直没完全康复。自意外发生后,贾斯廷开始常常从学校打电话回家,而且常常抱怨胃痛。反复看过医生后,他妈妈开始担心贾斯廷因为田径比赛的糟糕经历产生了焦虑症,而且她确信贾斯廷不喜欢户外活动也与这种状况有关。当我和贾斯廷谈话时,我比较感兴趣的是他从什么时候开始胃痛,以及在学校什么时候会胃痛。如果这些都和跑步事件有关,我就朝着那个方向谈下去。如果是无关的,我需要知道什么时候他不会胃痛。这些时间点将会给我提供更多的信息,让我知道在他生活中哪些方面是比较顺利的,从中可能存在解决贾斯廷问题的方法。

梅特卡夫:贾斯廷,告诉我,什么时候你没有胃痛这个问题?

贾斯廷:应该是在田径比赛以前。

梅特卡夫:嗯,那么什么时候胃痛得最厉害、最不舒服?

贾斯廷:通常发生在下午 1:30,在霍布斯女士的课上。她是我今年新的阅读老师。

梅特卡夫：所以，就是说你从早上 8:30 到下午 1:30 都不会胃痛？

贾斯廷：是的。

梅特卡夫：上午的课是什么样的，怎么让你不觉得胃痛的呢？

贾斯廷：我不知道。我猜我只是喜欢我的老师。她是利文斯顿女士。她上课进度比霍布斯女士慢，她布置的作业比较有趣。而且，在那个班级里我有很多朋友。

梅特卡夫：那当你 1:30 来到霍布斯女士的课堂时，发生了什么？

贾斯廷：（坐立不安）噢，天哪，那个课有很多作业。她给我们布置了很多任务。我回家也得做很多作业……这是进度较快的课程。你知道，在那里，他们认为你很聪明，所以你可以做更多的作业。

贾斯廷妈妈：因为他的测验分数很高，所以今年他被送进了快班。老师确实布置了很多家庭作业，因为她认为贾斯廷很有潜力。

贾斯廷：但是，妈妈，这让我很沮丧，因为放学后我都没有办法出门，没有办法玩了。而且一回家，我就得担心能否完成所有的家庭作业。我不喜欢霍布斯女士的课。我希望像去年一样，可以一整天都在利文斯顿女士的课堂上。

梅特卡夫：让我们来做点什么。贾斯廷，我想让你把这些胃痛都看作"麻烦"，好吗？

贾斯廷：好的。

梅特卡夫：这些"麻烦"让你不能待在学校，就算待在学校也不快乐。

贾斯廷：是的。

梅特卡夫：让我们设想，你的妈妈给学校打电话，要求把你放到利文斯顿女士的班级。那么，当你整天都待在利文斯顿女士身边时，我将会看到你在学校做些什么？

贾斯廷：我将会非常开心。我会整天都待在她的教室里，我可能也不会胃痛了。我是说"麻烦"。

贾斯廷的妈妈请求学校这一学年能把他的儿子从快班中调出。她明年会重新考虑是否把他放到快班。尽管学校不太情愿,他们还是答应了贾斯廷妈妈的请求。两周后,贾斯廷回来与我交谈。

梅特卡夫:自上次见过之后,什么事情变好了?

贾斯廷:我没有任何麻烦了。

梅特卡夫:真的啊!你是怎么做到的?

贾斯廷:是这样的,我换班了,在学校完成作业也容易多了。我不会因为要完成所有的家庭作业而感到沮丧。我不需要把事情带回家做,也没有一堆家庭作业等着我去做。

梅特卡夫:哇,你太棒了!所以你是说,你没有再去麻烦护士咯?

贾斯廷:只有一天……自从我妈妈把我从霍布斯女士的班级换到利文斯顿女士的班级后,情况就变好了。

◉ 在理解具有挑战性学生的路上

贾斯廷在田径比赛中遭遇的意外很容易被认为是导致他在学校表现不好的起因。如果我们专注于寻找贾斯廷为什么会变成这样,可能会增加他认为自己是一个"焦虑症患者"的机会。然后,贾斯廷的社交网络、学校或者家庭会为了帮助他解决问题而无意助长他的焦虑,让事情变得更糟糕。反之,贾斯廷言简意赅地告诉了我一些新的信息。当他被放到进度太快的班级里,他就无法完成他的作业,感到很沮丧、无力。他的老师,霍布斯女士,也无法调整课程进度。通过倾听学生,我发现了不同的课堂环境,例如利文斯顿女士的课堂,可以让贾斯廷更放松,也更成功。也许有一天,当贾斯廷更自信时,他将有可能在快班里获得成功。又或者,他将再也不会选择进入快班。不论是什么选择,贾斯廷都将提供更多的信息给他的老师,让老师判断什么时候把他放到快班。目前为止,贾斯廷没有"麻烦"的困扰,顺利完成了这一学年的学习,并取得了 A 和 B 的成绩。他再也不会为此而觉得胃痛了。

◉ 用于以能力为基础的谈话建议

下面的建议有效地帮助了贾斯廷。同样,这些建议对于了解学生什么时候表现得更积极和高效非常有用,有助于我们找到新的解决方法和策略。

1. 倾听学生和(或)家长的话,协助他确认一个合适的目标

设定目标时,目标须是清晰明确的、行为化的,如此对学生来说才是最有效的。"我想通过数学考试"是一个很好的目标,但是还需要更具体一些。老师可以通过这样说来引导学生设定更好的目标:

> "如果你通过了数学考试,你要考多少分?在学校或家里,如果我看着你,我会看到你在做什么,从而让我确定你知道怎么做才可以通过数学考试。"

2. 寻找问题的例外,寻找问题没有发生的时间点

问题不会每时每刻都发生,否则,大多数学生都将睡不了觉,或不能顺利升学。问题的例外给解决方法提供了一些线索。专注于问题,将使学生确信问题是存在且无法改变的。所以,我们需要帮助学生发现她通过其他课程的方法。例如,去年她通过了数学考试,她采取了什么策略?去年的老师说他做了哪些有帮助的事?

3. 通过重新描述抱怨和确认例外,帮助学生或家长创建解决问题的可能性

把问题重新命名为"可解决的抱怨"将有助于减少无望感,也鼓励了学生不再把问题看作无法解决的。把"胃痛"改为"麻烦",听起来就更有希望和解决的可能;把"不及格"改为"差五分就通过",使得这五分看起来似乎更容易达到。

4. 回忆过去在学校中的成功经验

回忆学生享受学校生活或积极主动的时间点,这能让学生从目前的"问题"中获得喘息的机会。这个回忆是一段自由的时间,允许学生与教师一起编织未来学校生活更为顺利的美梦。这个通往问题解决的方法构建了师生之间的桥梁,让大家相信成功就在前方。

5. 根据问题的例外,制定一个与学生或家长合作的任务

和学生一起检查作业进度,这对维持师生合作关系大有裨益。团队合作将减少失败的可能性,并一直让学生处在"专家"的位置。如果老师和家长一起工作,合作也是非常重要的,因为这样允许家长对于改变和建议承担更多的责任,而且未来她也可以将同样的策略用于她的孩子。

下面的案例说的是一个在交作业上有困难的小学生,她的老师对此感到无能为力。这个案例展现了焦点解决提问技术在学校问题中的另一种应用方式。

个案研究:零分不起作用的日子

10岁的萨莉,拒绝交作业;不论老师鼓励、奖赏或是惩罚,她都没有改进。为试着了解萨莉,老师最后觉得自己比她还努力。这位老师"聚焦于问题",她长时间专注于萨莉的学业"出了什么问题",以致萨莉觉得自己没有希望。在几次警告之后,老师寄了一封信给家长,并给萨莉打了零分。可是萨莉仍然迟迟不交家庭作业。课程以六周为一个阶段,在第三个阶段,她的考试分数很高,可是平时成绩却让她远远落后于大家。受挫之后,老师决定使用不同的方法——焦点解决方法。

老　师:萨莉,谢谢你放学后留下来。你知道吗?在成绩册上,我发现最后十次作业你交了七次,你注意到了吗?

萨　莉:哦,我不知道。

老　师:萨莉,那说明了很多问题。现在是十一月,我看到今年一开始,你在前三个月里除了少部分作业没交之外,几乎交了所有的作业,那时候你的分数很高,你真是一个好学生。我对你刮目相看。

萨　莉(沉默但好奇)

老　师:我为你感到有点难过,因为有时候,当你忘记交作业,你的成绩无法证明你是一个多棒的学生。我很好奇,在你记得交作业的那些日子里,有什么不同?

萨　莉:有时候,我把作业记下来,回家之后就可以做;有时,上课忘了记,就没办法完成。

老　师:根据我的成绩册,秋天刚开始的时候,你几乎每次都交作业,你记得当时是怎样把作业记下来的吗?

萨　莉:(想了一下)我记得当时我坐在黑板旁边,你总是会把要做的作业写在黑板上;放学前,你会提醒我们,我就会把它抄下来。

老　师:你是说你坐在靠近黑板的位置会对你有帮助……我的提醒会帮助到你?

萨　莉:我猜是这样的。就像我总记得音乐课的作业:练习吹长笛,因为老师给了我父母一张练习表记录。我每天不得不做它。我猜我需要提醒,而且要看到这被记录下。

老　师:你认为在接下来的几天,你可能会做些什么能够帮助你记得?我对帮助你回到像你之前那样的正轨很感兴趣。之前,向每一个人展示你是一个多么好的学生,对你来说也一定是很有趣的。

萨　　莉：是的,那个时候我的妈妈很开心。也许,我可以再次坐到黑板的旁边?

老　　师：我很高兴让你再次坐到那儿。在接下来的几天,我非常期待能够看到你像以前那样上交你的家庭作业。我也乐意提醒你去写下一些事情。你能坚持为我写一张便条放在桌子上吗?这样我就不会忘掉了。

下面是萨莉老师进行的步骤：

- 萨莉老师回顾了萨莉成功的经验,并且一开始就提到了这些成功,表明萨莉是能够上交她的家庭作业的。老师呈现的是萨莉能够做得好的方面,而不是她做不好的方面。
- 这位老师暗示萨莉,她自己显然知道如何能够上交她的家庭作业,并且问她之前能够上交她的家庭作业时,她都做了些什么,使她成为自己的专家。她想要萨莉变得更具有胜任力,她认为假如她(这位老师)给出一些建议,将会剥夺萨莉的能力感。当萨莉提出解决方案时,这个解决方案就是她的,这个策略既简单又适合她这个年龄阶段。
- 这位老师听取了萨莉的建议,并且告诉她,老师将会关注着你的成功。这个为萨莉成功"做的准备"源自老师对她的了解。说"当你正在向每个人展示你是一个多么好的学生"和说"我想要看到你取得好成绩,因为你是有能力的"是不一样的。第一句是完全信任萨莉的,第二句暗含了萨莉必须按照老师说的去做。只有当动机源自内在自我的时候,萨莉才更可能继续改变她的行为。
- 总之,老师和萨莉一起寻找她做家庭作业的"例外"时刻。"例外"时刻就是这个问题不再成为问题的时刻。假如老师对萨莉进行了质问,并告诉她有失败的风险,那么萨莉解决自己问题的机会就不会来得这么容易,因为目前的状况是如此糟糕。相反,将关注点放在萨莉过去的成功经验上,那么新的任务就是重复过去的成功体验。

萨莉开始重新交家庭作业,并且提高了成绩。她的妈妈给老师打电话询问学校里发生了什么,因为她每天回家都有如此好的心情。萨莉的老师会向萨莉妈妈简单描述一下她如何帮助萨莉能够上交家庭作业。从那时起,每当萨莉又开始做不好时,老师就会和她谈论之前是如何"做得好",那么萨莉便会再次做好。

班级困境6:不对自己行为负责的学生

"一些学生会在课堂上打断我上课,并从不为这种行为负责。我曾经尝试把他们叫到办公室,有时他们就直接逃课了。"

"我三年级的班上有一个女生,上课时一直讲话,已经影响到周围其他同学的学习,我曾经打电话给她的父母,并且在放学后把她留下,但是她依旧爱说话。"

"一名学生在我的课上和同学打架,被暂时停课了。但当她再次回到课堂上,仍旧是原来的态度,差点和同学再次打起来。"

班级解决之道6

和那些视她为不负责任的同学一起帮助这名同学改变她的名声。当这名同学指责他人的时候,首先认同这是一个令人不舒服的情况,然后问这名同学,以后该怎么做才能避免类似的情况发生。

"那是别人的错"—— 鼓励负责,不鼓励指责

有些学生被认为是不负责任的,如果想要改变他人的这种看法,下面有一些建议。

学生一旦被指责做错了事,便习惯通过责备他人来进行自我防卫。尤其是青少年,容易因为父母或老师的期待而受伤,并以责怪他人来回应,如此一来才不会感受到强烈的被拒绝感。作为有多年经验的教育从业者,我观察到很多同事会通过好心的批评、质疑及轻微的责备,甚至是漠不关心来帮助学生"看到光明"。这些好心的策略并没有奏效。因此,老师改成说教式的教育方式,结果老师"赢了"。实际上是学生为了避免说得多而遭到更多惩罚,就会以忽略的态度对待这次谈话。

坚持焦点解决的这一观点 ——"创建一个人们能体验到有胜任感的环境"(Durrant,1993)。有些学生感觉自己仿佛是"被控诉"的,他们想要改变自己的名声,我发现在面对这样的学生时,想着下面的这些基本信念是有帮助的。

与学生关于"公正"的头脑风暴

1. 与学生的抱怨合作,坚持公正将有利于减少阻抗

> "斯科特先生经常这样说你,你一定会很难受 —— 怪不得你想要变好。当你在班级里变好时,你是如何知道的?那个时候我会看到你身上发生了什么?"(合作与设立目标)

2. 假如一个学生有一个有效的论点，这个论点只是一种防御机制，而不是想要攻击他人，这时候就"正常化"这个观点。

"我能够理解为什么你会很焦躁，为什么你的妈妈总是担心。你能告诉我什么时候你没有那么烦躁吗？在那个时候你做了什么来帮助自己保持平静而不被'问题'干扰？"（寻求目前问题的例外）

3. 大大地展现好奇，并说出新行为可以改变"被责怪人"对这个学生的看法。这会让他们停止责怪，并使学生负起责任。

"我非常想知道，接下来斯科特先生会看到你做些什么，会真的改变他对你的看法。我有感觉他再也见不到现在的这个你。你似乎很在意学校，你认为是什么会让斯科特先生不再像从前一样看你？之前你有改变过他的想法吗？那时候你是怎么做到的？"（进一步识别例外/开始发展新的任务）

4. 假设这个学生在过去已经有一些他需要的且有理有据的策略，那么这些在相似环境中的成功将会鼓励他再次增加成功的机会。

"你知道，这是我今年第一次见到你，这说明在前几个月（星期）里，你已经知道了如何让老师高兴。你是怎么做到的？其他老师说你在课堂上表现好的地方是什么？基于你刚才对我描述的情况，你认为接下来几天，在斯科特先生的课上，你怎样做才能够改变斯科特先生对你的看法？（发展任务）

与有消极想法的学生一起工作

注意寻找例外是一名焦点解决老师需要做的工作的核心部分。当一名老师开始使用本书中的观点时,他会很惊奇地发现,当问学生和父母"你是怎么做到的"这句话时,他们往往会陷入沉默中。因为在他们过去的经验中,经常被善意的老师问到的是"你做错了什么"。这种方式也给了他们理由"向老师询问如何解决问题,因为老师常常抱怨他们的行为表现"。我们的世界是聚焦问题的,关注于较少成功甚至不成功的时刻。就像学习任何新方法一样,掌握技巧是需要时间的。所以去思考自己之前是如何实施别的新方法或是如何向家长解释一个新方法对教师而言是有帮助的。也许将"头脑风暴激励策略"环节中的记录复制下来制成小卡片,或者利用第三章前面部分提到的简短提示,能够给初次使用焦点解决方法的老师带来信心。

认为一些人只是简单地关注问题——在他们的生活中事情是多么的糟糕——而不愿去关注与问题无关的部分,这种看法是不公平的。保持焦点解决基本的哲学理念,没有什么是百分之一百的。面对一个观点十分消极的学生,可能需要尝试不同的方法去了解他。如果能够这样做的话,那么一个焦点解决老师就能够跟"聚焦问题的学生来合作(和他们一起消极地看待事物)",因为那是他们的世界观,接下来老师会说:

"你知道,这听起来确实很恐怖。"

"什么时候最糟糕?"

"用 1 到 10 进行评分,10 分表示你可以完全掌控生活,1 分表示你完全不能掌控,你现在是几分?"

假如一个学生的描述是低于 10 分,那么接着问:

> "你曾经做了什么让自己达到 10 分?"
> "你做了什么又降低了 1 分?"

当学生或父母被困住时,他们只能看到事情最糟糕的部分。上述这些问题非常符合学生的消极观念,并且有助于他们意识到事情并不像他们想象的那么糟糕。

◆ 总结

作为教师,我们掌握着成就学生或毁灭学生的工具。每当我们与学生谈话,称赞他们,或帮助他们解决问题,我们就参与了他们的生命创作。现在的学生带着很多问题和担心来到学校,有时会依赖我们陪伴他们一起解决。假如他们的家庭拒绝了他们,我们也拒绝了他们,那么谁可以帮助他们呢?他们的需求仍然存在。作为教师,我们应该反思一下,我们的工作不仅仅是给他们传授知识。我们现在承担着他们生活教练的角色,尽管有些学生是自愿来的,有些是非自愿的。对于帮助那些非自愿的学生我们的方法一定是不同的。但是,成功的教师会说,问题并不像看起来那么难解决、那么不可逾越。每位学生的内心就像我们的内心一样,都需要激励、尊重、尊严。焦点解决老师也会从学生那收到众多激励、尊重。

> "有两种教育者,一为教我们如何维持生计,另一个教我们如何生活。"
> —— 詹姆斯·特拉斯洛·亚当斯

练习活动

创造可能性:通过语言确认优势

(把下列的单子印成五份,三份拿给你最好的同事,两份给你欣赏的学生,告诉他们,你正试着让自己在学校里"表现"得更好,请他们填写单子并交给你。交回来之后,请告诉他们,你一直很欣赏他们。)

日期:＿＿＿＿＿＿＿

亲爱的:＿＿＿＿＿＿＿

我非常想知道你如何看待我在学校里的表现,你的意见对我很重要。我将尊重并珍视它。

下面,请你将我在校表现不错的地方列出来。你的意见将会让我知道,我必须继续保持多做哪些行为。

诚挚的
＿＿＿＿＿＿＿＿＿＿

评论:

_____

_____

_____

_____

_____

师生正式初次会谈任务的格式

接下来几天,观察(挑选)一名教师或学生或家长。当他们知道你已经脱离困扰时,写下你看到他做了什么不一样的事情。

_____
_____
_____
_____
_____
_____

据某人(如教师)观察,你在班上不受今天我们所讨论的问题困扰时,那是什么时候,发生了什么?请写在下面。

_____
_____
_____
_____
_____
_____

下次会谈时间:_____

(摘自 De Shazer,1985)

寻求解决：头脑风暴家长会

学生姓名：_____　　教师姓名：_____

教师对学生的目标：

1._____

2._____

3._____

教师观察到目标行为出现较多的时间点（例外）：

学生学业或行为表现良好的时间点

1._____

2._____

3._____

父母与学生的目标：

学生与家长对于下周达成目标的描述

1._____

2._____

3._____

父母观察到目标行为出现较多的时间点（例外）：

父母描述有助于子女表现较好的教学情境

1._____

2._____

3._____

促使学生在教室得以成功的策略：

使用上述定义的例外，描述学生、教师与父母下一周的行动策略。

1._____

2._____

3._____

第四章

学校"例外"项目:改变师生关系

"勤奋学习千日,不如与良师共处一天。"

—— 日本谚语

"例外化"的教师

一个未来的虚拟案例

早上8:30,罗德里格斯小姐正忙着与她的六年级学生进行情感交流。二十分钟后,一位由学校指定的同事将会带着相机来到班级。她想要为学生和自己营造一个良好的氛围,共享一个美妙的早晨。科学实验室已为上周表现良好的小组准备好了。算术中心也已经为早上的试验备好了牙签。触摸和体验道具能够使这些"普通"学生感兴趣。图书馆随时为那些探索未知的学生开放。罗德里格斯小姐明白自发性的重要。最后,从每天的新闻中找取的早晨故事已经放在她的桌子上了。通常她都会与学生谈论新闻,并让学生们也回想"他们"曾看到的新闻。学生常常能够在十分钟的现场讨论中表达出真实的感受,开启他们"每天做点儿不一样"的良好开端。罗德里格斯小姐会核对自己的课程计划,确保今天的教案与昨天是不同的,包括一些间歇性的刺激物,确保与最初她和学生制定的学期计划保持同步。她已经准备好了。

在罗德里格斯小姐所在的教学区域,这样的做法始于三年前的一个项目,旨在改进教学风格、激发教师动机。由学校选出一些教师,被称为"例外老师"。他们负责营造一种让学生具有胜任感、成就感和对学习感兴趣的班级氛围。这些教师或者由学生提名,或者由同事选出。这不同于学期末对老师进行奖赏,这种做法能够使学区范围内的所有教师受益。学区会让一些志愿者老师在每个学期拿着摄像机录下"例外老师"的上课情况,然后播放给同一个年级或同一个学科的在职教师观看。"哪些方法对学生是有作用的",像这样的说明材料受到了教师们的欢迎,因为这让他们从同事的经历中学到实践知识,而不是从门外汉那里得到相关信息。一位处于相同境况,即有着相同的挣扎和沮丧的老师,展示了他(她)创造胜任感氛围的方法。通常,"例外老师"都是在职的,会详细解释他(她)的策略。在录像播完之后,教师们会进行合作性对话讨论。

◉ 团队会议的一种新尝试

除了在职会议之外,参与项目的老师每周会在固定地点召开"团队会议",一起讨论他们将如何实践从录像中学到的新方法,并试着融入个人特色。团队会议目前每周一次,一次不超过三十分钟。会上,教师们会就在某个具体任务(要求每人一个)上起效的内容相互交换看法。每一位团队老师不再抱怨学生,而是担心某个特定的学生,然后在团队内进行讨论。每位老师会根据个人经验分享他们是如何成功应对,又是怎么帮助学生学会合作及对班级负责的。比如,团队内所有老师都会教一位名字为"A"的学生,于是他们决定在下一周一致采取某个策略。当然,他们可能观察过什么时候学生 A 表现良好。然后在下周团队会议中,他们会讨论他们的发现:"这位学生这周有什么是表现比较好的?"

◉ 三条对学生有用的原则

当老师试图在班上营造一种学习的氛围时,缺陷和斗争就会成为焦点,而这通常是为了保持秩序和控制权采取的一种非常消极的问题聚焦的方式。进一步说,当教师看重维持班级秩序时,也就意味着忽视了学生的优势。看起来很难决定到底是谁遭遇了不幸:是学生? 由于自己不恰当的行为而未曾关注自己的优势;或者是老师? 因为耗尽心力维持纪律而无法进行创造性教学。陷入这无尽的困境中,许多教师无法缓解压力,对学生进行消极反应,而这需要有人负责。相呼应的是,学生就会做出防卫的行为,因此,学习反倒成为一种罕见的事情。

根据发展心理学的原理,儿童和青少年渴望被接纳和被肯定。当教学方法被一些武断的原则所围绕,教师和管理者对学生的典型反应就发生在当学生表现出行为不端时。当许多教师表扬行为端正的学生时,这些表现出不当行为的学生就得不到表扬,并且会关注消极方面。当然有人会说没有受到表扬是学生自己的错(如果她表现得好,我就会表扬她),通常负向行为的发生正是因为学生没有感受到被接受、被肯定和成功。如果你曾经对某样东西重复多次仍失败,你就能明白重新鼓起勇气再尝试一次会是多么困难。对学生而言也一样。作为一位教师、学校顾问和家庭治疗师,我的工作告诉我这些原则能够激发人们改变生活的动机。对这些原则,我仍然在进一步改进和推广。然而,当代教师处于高压状态下,如果学生失控的话,他们就很容易忘记要去接受、肯定学生并对他们赋予期望。假设恰巧你的班上有这么一名行为不端的学生,那么不妨尝试在一周内做以下实验:

1. 告诉这名学生你将要进行一次实验。告诉她,下周你希望改变你对她的看法,因为你认为你没能够看清真实的她。你将会每天记录下她表现良好的地方,然后周五你会请这名学生带一张便条回家交给父母,便条上记录了你本周所观察到的事物。

   留意! 关注她有时在课上是怎么回答问题的,她是怎么完成她的班级任务的,她是怎么样克制住不讲话的。

2. 观察当你做了什么事情时,能够帮助这名学生更加集中注意力,克制住不讲话,做她的功课。在她讲话时,你经常经过或站在她的桌子旁边,这样她的表现是否会更好?如果你夸奖她,比如她的发型或着装,她会完成她的功课吗?当你让她回答问题,甚至在她回答错误时也表扬她,这样做以后她会在课上回答问题吗？
3. 周五的时候写一张便条让她带回家。尽管这名学生在本周内并没有出现较大的改变，用写信的方式告诉她的父母，你决定帮助他们的孩子增加对自我的认知，下周你将会在班级中留心观察这名学生。告诉她的父母，你的新策略会产生他们想要的结果。

◉ 我们不能再等了

当学校确实在教学和指导学生的方式中应用了这三条接纳、肯定和建构的原则时，学生的阻抗就会变少，且学业有成。关键是，我们怎样才能体现出我们的接纳、肯定和建构？过去关于教育原则的技术和行为矫正方法的理论是被动地等待学生向教育者证明，他们了解应该如何在学校中表现。然而，在现代学校中——多变的同伴压力和缺少家长支持——教育者几乎很难再支持这样的环境。或许是时候该做些什么了，而不仅仅满足于写出优秀的论文。或许是时候该留意学生经过身旁的时候，并且问一句："你今天过得如何？"一群在充满不稳定因素的学校工作的焦点解决教师报告，曾经畏惧教师的学生，现在已能够与教师自然相处。学生对教学感到更为满意，且不需激励就能朝着正轨发展。在田纳西州的一所初级中学，校长告诉我，他有一个习惯，喜欢到学校的各个班级中巡视。起初，当老师们看到校长出现在他们的班级，并坐在学生座位上时觉得很不妥，要求校长少这么做。但是，当校长在场、学生的表现反而突出时，老师们开始邀请校长到他们的班级。在这个学校，达雷尔·斯尼德校长为学生创设了许多新的俱乐部。他告诉我，当学生能够参与课外活动时，他们能够感受到一种归属感，在班级里的表现就会更好。肯定、接纳和建构的原则再一次赢了。

学习与学生合作

本书第四章试图帮助教育者在一个鼓励学生发挥自己才干的框架内灵活教学。除了学校,还有什么地方适合鼓励学生培养才能呢?当我们分析世界上的高效课堂时,我们常常发现教师能够以各种方式针对学生的差异进行合作:老师以口头或留便条的形式表扬他的学生,或者把同样是聪明但害羞的学生组成一个团队。老师或咨询师能够关注到学生表现好的地方,并且会继续鼓励和期望学生能够多做一些。

十多年前,我是一名初中美术老师,那些干扰老师上课的学生经常被赶到我的教室来。显然,我的学校(及其他学校)管理者们非常信任我,因为他们认为这些问题学生只是需要一个机会来变得有创造性。我得承认,我并不赞同他们,我与这些"问题"学生相处很少有困难。事实上,他们表现得很好,我开始要求这些问题孩子,因为我喜欢看到他们的改变,并且认为他们能够成功。美术课堂的氛围是:建构、肯定、有趣和接纳。当"问题"学生(我更喜欢用"有挑战的",而不是"有问题的"来形容他们)开始表现时,我就会找一些他们能够做的事情,让他们做比如在走廊上张贴美术活动通知、分发宣传单或者打扫卫生。他们常常在我的桌子附近徘徊,要求得到更多任务。那时候我要给很多个班级上课,每个班基本上都有40名学生,虽然我们时常没有足够的椅子,但教学充满了乐趣,也很少会有问题。与他们合作,就能够减少他们的阻力,并鼓励他们学习。

接纳的核心是听到学生的需要并满足他们。接纳发生在一位老师协助学生实现一个具体目标的每一刻。教师留意到某名表现良好的学生时,要以好奇的态度用言语表达出来:

> "哇,我同意,我是时候该放手让你独立做了。不过,你认为你能够做什么事完成它,哪怕是今天?"

关注学生的所作所为能够为你所接受的时刻,并立即告诉他们!告诉学生这很快!接纳能够减少阻抗。较少的阻抗是一位焦点解决教师最好的朋友。

◉ 仅仅是语言上的不同

与学生合作就要肯定他们。当我知道乔伊首先表现出彬彬有礼时就能够阻止一次打架后,我便要求他在与母亲相处时也更多地表现出自己礼貌的一面,以展现我赞同他的策略。学习与学生合作,帮助他们意识到自己的能力,这需要教师、咨询师和管理者相信每个学生都是不同的,并深入去了解他们力所能及的事情。如果我们认为学生是多动的、创伤的、性滥交的、易怒的或者抑郁的,那么我们就会固执己见地认为,问题是永久存在的。不止一位学生(以及成人)曾告诉我,为什么他们不能表现出某个特定行为。这些解释成为,正如布拉德·基尼(1994)所言的"铁丝网围栏"。假如某个人在今天下午经过你身边时说,"你看起来像是度过了糟糕的一天",而事实上,你觉得今天棒极了。不过,这种提醒可能会让你在经过镜子前时,多打量自己几下,然后,今天接下来的时间好像真的有些不一样了。

描述的行为通常是一样的,只是语言不同。但是,病理性的诊断并不是确定性的,而只是说明性的。你怎么会喜欢自己被诊断呢?当然,人会忧伤、不安,常常表现出挫败感。大部分人都能够从这种情绪中复原。一个学生额头上被贴上一个品行障碍的标签,这就很难摘掉了。用问题聚焦的语言谈论只会使这个问题更持久。一想到这是一名有品行障碍的学生,你就很难再看到该学生的其他表现。焦点解决教师却对如何解决问题更感兴趣,因此他将这个标签放置一旁,走进学生的内心教导他们。

当咨询师的注意力聚焦在一个问题时,他就会被是什么导致了这个问题的解释和看法所吸引（Durrant，1993，P6）。

◉ 建构可以很自由

营造一种让学生体验胜任感的氛围，这并不是说我们需要降低期望，或成为一位允许创造力肆意制造混乱的、崇尚自由精神的教师。相反，这种方法是鼓励建构的，而建构是安全和可靠的。建构意味着学生要仰赖教师的一致性和创造性。如果今天有人布置给你一项新任务，而唯一的指令是："在今天5点前完成，否则你就会被开除"，那么大多数人就会受这类指令的影响而感到不安，而这种不安又使我们不能够完成本可以完成的任务。学生们也如此。对学生而言，重要的是体验创造性的课程计划和课堂规则。规则需要是有效的、可实施的和具有灵活性的。比如，留意下面这个关于一位独特的焦点解决教师的故事。

案例学习

托马斯夫人在开始上历史课前，把班级同学分成了四组：A组，提高组；B组，平均组；C组，创新组；D组，阅读障碍组。然后托马斯夫人问同学们："有谁了解关于第二次世界大战的相关内容吗？"班上举起一只手，"肯恩，你说说看。"肯恩向大家描述了从祖父那里听来的关于兵器的故事。肯恩从四年级开始，就对兵器着迷，并查阅了许多相关书籍。他的讲述让班上的其他同学听到了以前从未听过的内容。

"还有谁知道二战的一些情况吗？"接下来，同学们举了一些例子，不过基本上都来自于前一晚对书本的预习内容，看起来，这个班还没有准备好自由讨论。托马斯夫人布置了各种关于二战主题的家庭作业。A组准备经济方面的内容；B组准备战后重建的内容；C组扮演一个爱人参与战争的家庭演变故事；D组与托马斯夫人一起阅读书本内容，她会在D组中找个位置坐下，"我需要重读一遍这章内容。"而肯恩则不用参与小组活动,托马斯太太对肯恩说:"显然,你很熟悉二战的事情,因此我不想你感到厌烦。我希望你能到图书馆去学习更多关于兵器的知识,然后对我们做一个演讲。不过,你只有一周的时间准备,当然,本周你可以不用来上我的课,而是去图书馆。"

托马斯夫人的课堂是自由开放式的,她相信自己能够管理好班级,并且用提问取代了上课。通过一开始问"有谁了解关于二战的事情"来借此了解学生,邀请学生参与课堂讨论,并将能力相似的学生组成一个小组。

● 转介学生是相互合作的好机会

事实上,大多数教师总是能够成功应对教学任务,对教学环境游刃有余。可能只是部分教师因为对某一名学生有挫败感,而导致他忽略了其余 26 名学生的成功。这名出格的学生首先吸引了教师的注意力,却让教师对每个人都产生了消极印象。如果教师持续关注这名学生,那么他就可能对剩余的学生也会连带感到挫败,那么接纳、肯定和重构就永远不会出现了。教师转介表格来源于一些教师的建议,他们相信学生一定有不存在问题的例外时刻,与其关注纸上的问题,还不如找出例外。许多老师常常发现他们深受不良学生的挑衅,却又被学校管理者寄予了奇迹般的期待。而实践焦点解决理念的教师们发现,当他们热衷于学生的例外时,学生的反抗就会变少。许多家长看到教师转介表格时也变得更为合作,并相信学校更关心的是他们孩子的个人成长和能力培养,而不是一味地惩罚孩子。

在典型的学校环境中,学生被转介给咨询师或学校领导往往是由于教师对他绝望了,以至于期待他人来"解决这名学生的问题"。把责任转介给第三方,并不能使师生关系发生改变。相反,咨询师或管理者却成为教师和学生的重要资源,结果常常导致进一步混乱。尽管通过咨询师或管理者的努力,学生的状况可能会有所改善,不过,老师和学生的关系没有发生改变,那么学生就会旧态复萌。在老师再次将学生转介以示惩罚时,事情就会变得更糟糕。学生常常在回到班上后寻求报复,用更多的不良行为来宣泄自己的情绪。另外,在问题出现的时刻,第三方不可能在现场,而且第三方总是代表着教师的利益以便维持校方的一致性立场。这很好,不过学生这方会发生什么事呢?他或她只能靠自己寻找解决办法。因为缺少与教师间的良好关系,加上对解决问题毫无经验,这些学生很难找到成功的解决方法。

止步于教师和学生之间

看起来,教师和学生私下交流,并就共同的担忧达成解决办法,这样更具现实意义,也更有益。而学校咨询师应该转变成为老师的咨询师,而不是中间的调解员。在很多情境下,大家要求咨询师找出学生这么做的原因。是因为父母离异?孩子遭受了性虐待?学生之间发生了冲突?这其中有很多原因,不过都无益于帮助学生,甚至有时候这些原因都不能精确解释为什么学生会如此表现。在一些问题聚焦方式中,寻找不良行为背后原因的提问建立在学生有严重的问题这一假设的基础上,而且这可能会诱发对学生的阻抗和偏见,认为学生不可能有本事完成其他事情。学校把责任推卸到学生身上,认为是学生表现不好,或者家长认为是学校的原因,没能够激发他们孩子的学习激情。学校应该是学生学会为自己的行为负责任的地方。一位学校咨询师或老师无法使学生家长复婚,也缺少足够的知识处理和应对性虐待所产生的问题。学习人类行为的缘由可能是令人着迷的,不过这对我们改变师生关系毫无帮助。事实上,世界上没有任何一项发现或研究能够证明,知道事情为什么会发生将有助于人类发生改变。而那些真正想要自己的生活变得不一样的人,只要有某种需要、欲望或机会就会发生改变。

找出有效部分

教师转介表格用于解决学生与老师之间的冲突,同时也将责任交给老师和学生。特别适用于以下情境:

1. 在与学生讨论教师对她的担忧的前几天,老师可以先填写好转介表格。然后,老师可以告诉学生转介表格的内容,这样一来学生就得想办法在老师面前表现出新行为。这种"我一直在观察,等你出现良好行为"的新方法,会使那些感觉自己的负面行为被过度关注的许多学生有重新表现的希望。

2. 当一位老师无法成功让一位"刺儿头"学生了解其行为后果时,他就会把表格拿给学生,并告诉她在接下来几次课堂上老师会有兴趣发现她有哪些良好的表现。焦点解决教师对学生消极行为/问题不存在的时候更感兴趣,并且会挑战学生,使学生出力帮助老师。看穿问题的迷雾找到例外的存在,这需要花费时间。尽管学生有时会出现迷惑的表情,但是老师一定要坚持。

3. 当教师团队决定帮助学生改变行为时,约见学生,告诉她教师转介表格就是一个帮助老师看到她如何学习和表现良好的机会,如此能够让学生卸下防御。学生的行为策略忽然不再被评判。当学生感受到接纳与肯定时,他常常是脆弱和易感动的。刚开始,学生可能表现出抗拒,但是老师坚持这种新态度,就会减少他继续表现出不良行为的机会。这个项目需要老师在口头上提醒学生,老师一直在观察。此外,当教师团队向学生提出这个项目时,其中一位老师作为团队发言人,而其他老师辅助他保持焦点解决模式,这样也会很有帮助。

教师转介表格

学生姓名：_____ 班级：_____ 日期：_____

亲爱的老师：

　　请在下方列出你发现_____在课堂/班级上表现良好的时刻。这些将有助于学生和学生家长找到解决你所担忧事情的办法。

　　请尽可能详细描述，如，"苏西今天在课上表现得很好，她选择自己坐在位子上，独立完成作业。"

1._____
2._____
3._____
4._____
5._____

_____
教师签字

是否影印一份给家长？　　是　否（请画圈）

地图会告诉你走向何方

当教师完成转介表格,开始确认学生行为或学业上的例外情况(即不良行为或失败的举动没有出现的时刻)时,两种新行为就会出现。其一,老师会开始关注当问题不再那么频繁,或者看到及感受到学生的不同之处。其二,因为老师对待学生的举止不一样了,学生也开始做出恰当且合理的行为。告诉学生她做得好的事情,与告诉学生她已经知道的做得不好的地方,这两者之间存在着巨大差异。这个理念可以用"查看地图"的比喻来形容。地图上有很多条路可以通向很多的目的地。同样到达一个目的地,如果选择风景优美的乡间小路,那么花在路途上的时间就要多一些;相反,高速公路则更为快速。焦点解决教师是一位导游,提供建议并观察沿路例外中的风景。学校往往没有时间选择乡间小路,而焦点解决取向则提供了高速公路。这种模式不是重复评估问题或找出谁该为此负责,而且直接跳过"带刺的铁丝围栏",面向更令人愉悦的草原,并且相信那里没有篱笆。

◉ 寻找学生解决之道需要记住的三个观点

填写转介表的这个行为本身就是一种干预。当学生与焦点解决教师进行交谈,听到了他的老师记录下的例外,学生有可能会学到以下三件事:

1. 学校是站在我这边的,老师是为了帮助我学有所成的

当学校认为青少年是具有反叛或是有"问题"时,他们的行为就会表现出这样的特点。当以一种坚定的方式要求学生对行为进行自我评估时,这相当于给予学生一个机会,证明自己可以有不一样的表现。我们

与学生、老师和父母进行合作时,也能减缓学生的反抗。我认为老师就像是旅途向导或咨询顾问,他们要指出学生错过的或懊悔的风景。

2. 改变并非我料想的那样困难

学生会倾向于责怪他人——确实,否认自己为改变所需负的责任,而是要他人为我们的失败负责,这是一件比较容易的事。与学生合作,问他们"你看到自己在做的什么事有助于你回归正轨(脱离麻烦)"会鼓励学生做出改变。问"你认为做些什么将可以帮助你避免卷入今天午餐时发生的一场斗殴",是假设学生是有能力和责任的。问"你认为你在下周可以做些什么,将你的历史课成绩提高五分"是假设学生能够提高自己的成绩,并且确实可行。

3. 或许我并没有所想的那般无助

对于明年就要升级的学生而言(即使他们曾经留级过一次或两次),至少他们能够成功升级了。这就是一种例外。对一周中有三天没有因为打架而被喊到办公室的小学生而言,在这三天里他的行为是乖巧的。而这三天就是例外。指出学生能够保持三天不惹麻烦,这将能够建立学生的一种成就感,强化他多做一些有用的事。对一名足球球技了得的高中生来说,学习新的几何学公式或许是件极具挑战的事情,让他备感挫折。不过,如果问问他,他是如何从足球教练身上学习复杂的足球踢法,那么他就会感到能量十足。大多数人总有许多办法能够应对各种情境,如压力、愤怒、担忧、挫折、新工作、新关系、承担过量任务等等。通过帮助学生意识到他们曾在其他类似情景下成功完成过某事,这有助于他们建立起成就感和自信心。

◉ 继续加强

初次会谈之后的后续谈话,重点在强化学生的意识,让他们意识到老师对观察例外和成功是认真的。

> "你在课堂上哪方面是进展较好的?我对你的想法很感兴趣。今天我注意到你_____。"

请注意:学生可能会害怕在承认事情进展顺利之后你们的关系就要结束了!(他们可能愿意被关注!)因此,你要继续坚持,让你的学生了解即使问题解决了,你也很乐意与他们交谈。来自新西兰的大卫·爱普斯顿,是《叙事治疗的力量》的作者,他常常在与人首次见面后寄一张卡片给他们,他会对这次见面进行总结,表达出他对此的印象,同时会加一些赞美或任务。这种方式同样也可以在与学生的谈话中应用,如:

亲爱的肖娜:

　　我很开心今天能在放学后与你见面。我惊讶于你能够讲出在其他课上不受问题困扰的时候,你说七堂课中有六堂课进展顺利。你说你计划要坐到班上前面的位置,这样你就不会分心,因为你在代数课上就是这么做的,而且成效显著,我对你这一点感到印象深刻。祝你好运。本周期望你能顺便来我这,再告诉我事情是如何取得更多进展的。
　　我为你打气!

格林伯格夫人

老师可以将卡片复制一份交给肖娜,让她带回家给父母,同时也交一份给副校长。

以下将列举一些信件范例以供复制和参照。第一张范例适合初中生,第二张适合小学生。

你真让我印象深刻！

日期：_____

亲爱的_____：

我最近在课上一直注意观察你！你在很多方面让我印象深刻，我想要你知道我观察到的你和你的能力：

_____

_____

_____

如果你一切进展顺利，我预测：

_____

_____

_____

谢谢你能成为我班上的一员。我很荣幸能够成为你的老师。

_____

（教师签字）

经你的同意，这封信还可复印给：_____。

> 哇,你真是一位……超级巨星!

日期:_____

亲爱的_____:

  本周我在课堂上一直注意观察你。我很开心地告诉你,我从你身上学习到的东西。我很荣幸能成为你的老师。

_____
_____
_____
_____

当你持续保持这样的优秀表现时,我相信你的未来将会是一片光明的,因为:

_____
_____
_____
_____

_____

(教师签字)

如果你同意的话,我打算将这封信的复印件转给:_____。

更多供教师使用的简易策略

另一种合作方式是,老师可以通过每周的刻度化提问来实施简单的干预,以激励学生。埃伦·伯默尔,一位来自田纳西州理查森的特勒斯小学的学校咨询师,对刻度化问句进行了调整以方便教师使用。她在大小为 3cm×5cm 的卡片上复制了一个量尺。当把它给惹了麻烦的学生时,她会向老师和学生解释:"1"代表问题控制了学生,"10"代表学生控制了问题,然后建议老师和学生在接下来的一周内选择一天进行合作(至于哪一天则由教师和学生决定),然后讨论那时学生处于哪一个位置。教师使用 3cm×5cm 卡片来量化积极的行为、成功的分数和合适的参与度。教师需要问学生,"你是怎么做到从这里到这里的?"或"下周你期望自己在几分?"以下会给出刻度范例和提问例句。请在 3cm×5cm 卡片中画出量尺,并问这些示例性问题。

```
教师:_____            班级/年级:_____
学生:_____            时    间:_____
         _____
         1   2   3   4   5   6   7   8   9   10
```

对小学生的提问和建议

1. "在这个量表上有一些数字,1—10。量表就像一把尺子,'1'指你正被问题困扰,并在我的课堂上表现不佳。这使你 _____。"(为这个让孩子无法取得好成绩的行为取个名字)"'10'代表你的问题解决了,你也不再受其影响。你对今天的自己打几分?"

2. "你觉得今天可以做些什么使你能够在量尺上提高 1 分?"

3. "为了帮助你取得进步,我可以做些什么?"

4."我将会在与你一起讨论 _____,这样我们都能了解你是怎么取得进步的。"

对初中生的提问和建议

1."当生活中有许多事情等着去做的时候,每个人或多或少会遇到一些困难。我了解你也是这样。我希望你花一分钟的时间看一下这个量尺,左边是'1',右边是'10'。假设'1'表示你在班上的行为脱离了正轨……嗯,就像你完全相信自己不会取得一点儿进步。'10'表示你在班上的表现完全称心如意,你的行为完全受控。那么,你认为今天的你可以评几分?"

2."今天或明天你能够做些什么帮助你在量尺上进步一点点?"

3."我能为你做些什么?"

4."下一次会面我将和你讨论 _____,这样我们都能看到你所取得的进步。"

如果学生没有取得一点进步,那么相信学生至少没有退步。然后问:

"你认为你是怎么做到不让事情进一步变糟的?"

如果学生在一周后退步了,那么就问:

"你以前是怎么做到进步的?让我们一起回忆一下那时候你采取的帮助你回到正轨的行动/策略。"

反转压力:激励学生去影响其他学生

一名学生的妈妈要求她的女儿告诉我曾发生在她初中时期的一次神奇干预:

学　　生：我想我这周六没能像以前那样表现良好。我有点儿懒。上星期的某一天，所有的任课老师都把我叫到了会议室。我就知道我闯了大祸了。但是，你知道他们对我说了什么吗？他们说，他们都在担心我。他们知道我是一个善良的孩子，当其他学生向我寻求帮助时，我能够真心真意地帮助他们解决困难。当时，我震惊了。他们绕着房间，轮流告诉了我关于我的一些好的表现或品质。我从来不敢想象在学校会发生类似的事情。

梅特卡夫：哇，之后还发生了什么？

学　　生：他们告诉我，我的成绩有所下降了，不过他们拿着我的文件袋，告诉我在这学年开始时我是如何表现优异。他们问我，为了我能够进步他们可以做些什么。我真不敢相信。但这确实是真的。我告诉他们我还不知道，但我会认真想一想。于是，他们说，他们会密切关注我，一旦我需要他们，他们就会竭尽所能。

梅特卡夫：他们真的非常相信你。

学　　生：我也这么认为！

六周内，这位学生的成绩从 70 分提高到了 90 分。她妈妈对学校为她女儿召集的那次会议印象深刻。女儿感受到了一种要进步的温和压力，以及她之前从未意识到的一种被支持的感觉。这些老师也充满了智慧，能够通过一次这样的会议就让学生有了自信心，让她能够有勇气度过这段艰难时期。这些老师采取这种方式来接近她是多么明智啊！尊重（不是询问"做错了什么"）、热情和赋能让学生感受到了支持，看见了自己的重要性。会议只进行了十分钟时间，而效果却一直维持了四个月！聚焦于学生什么时候表现良好——这其中包含了担忧、同情、赞美，以及一个行动计划——这等同于学生的成功。

应对反抗学生

韦伯斯特认为"反抗"是指"一种有组织的、通常是秘密的活动,这些斗士们参与破坏行动主要是为了对抗既有的主导力量"(1987)。学生和父母有时也会变得反抗,尤其当他们:

- 因为某种情境而受到责怪
- 与某人无法相处
- 能力不被信任
- 对事情涉及的层面不知情
- 他们的意见遭到误解
- 当被要求做超越自己能力的事情时,感到被侵犯
- 当被要求做违背道德的事时,奋起反抗
- 当被要求做不合乎情理之事时,感到被压垮
- 因为无法与他人合作共事,而感到自卑

仔细审视学校场景,很多系统化因素与学生的反抗有关。经济状态、不恰当的监督、家长的批评、缺少老师和同学的理解和接纳、对更优秀同学的嫉妒——还有更多其他因素,这一切导致了许多学生来访者的反抗行为。但是,尽管看起来有点儿沮丧,三点原则还是适用于此:接纳、肯定和建构。

有时候我们很难注意到他人身上发生的例外,正如以下案例所示。我们不得不承认,对于一个有暴力行为的学生,不管是在成绩不及格的六年级阶段(小学),还是在易发怒的十年级阶段(高中),可能都很难看到其身上的某种优势。当学生拒绝"合作"时,困难便产生了。发生这些时,应当认为他的行为是有某种目的的,这样一来就不会想要改变学生的行为,从而减少阻抗。换言之,逐渐地从学生视角看待问题意味着我们正努力去理解对学生来说必要的行为。我发现问"负面行为有何好处"是有一定帮助的,这能协助学生以不同的方式和

态度继续做有帮助的事情。

梅特卡夫：唐,你的老师说她希望你能和我谈谈,因为你在课堂上连续地打断她上课。你是怎么认为的?这样的说法正确吗?

唐：是啊,她不喜欢我,从来不会叫我,所以我为什么不能这样做?

梅特卡夫：打断她上课,这对你有用吗?

唐：是的呀,而且我也不想要停止这么干。她总是这样对我,我已感到厌倦了。我不会让她这样控制我。

梅特卡夫：告诉我,我很好奇,打断她上课对你来说意味着什么?

唐：我不知道……我猜可以获得她的关注。

梅特卡夫：是好的关注,还是不好的关注?

唐：不好的,不过我不在意。

梅特卡夫：在班上,你能用点不一样的方式来使用你干扰人的技巧吗……听起来你并不愿意放弃使用这一技巧?

唐：我不知道。

梅特卡夫：我只是好奇你是否能够以不同的方式"干扰"李老师上课,你知道,这样一来她能够真正关注到你。尽管这需要某些技巧,以及一些你切身的观察,以便你能从"干扰"她上课这件事上获得最大收益。你想要尝试做些不同的事情吗?

唐：也许可以吧。

梅特卡夫：我想要你在今天下午的课堂上打断李老师上课。你要精确地把握住她真正地听到你干扰的确切时刻。你知道,比如当她停止上课,或者传递作业本时。然后,我希望你告诉她你需要打扰她1分钟……然后问一个她刚刚在课上提到的问题。用这种方式你可以打断她,我们也都能明白你想要达到的目的。这周请你尝试这么做两次。如果我们写张便条给李老师,告诉她你想要尝试一些不一样的事情,这对你来说可以接受吗?

唐:可以。

当学生想要试着以不同方式尝试他的方法时,有必要告知老师,在接下来的时间内学生的行为将会发生变化。下面这张便条是给李老师的:

> 亲爱的李老师:
> 　　谢谢你能把唐介绍给我。我们已经见过面,他告诉我在本周接下来的时间,他想要在班上做点儿不一样的事情。请你在班上仔细观察有关唐的任何不同且有益的行为,然后记录下来。我们非常感激你的观察!
> 　　谢谢!
>
> 　　　　　　　　　　　　　　　　　　　　　　梅特卡夫和唐

个案研究:转到替代学校或留级

我曾经教过一个叫乔希的男生,当时他读八年级,用他的话说,"正在要去替代学校的路上"。不过这名学生一点也不担心转学,因为他早已听闻那里作业会很少且很安静。我们的交谈时,他的手臂交叉抱于胸前,他的态度中混杂了骄傲、愤怒、叛逆和反抗。将话题从转学上转移出来一会儿,乔希提到了他的父亲是个酒鬼,常常和他发生严重的争执,甚至辱骂、批评他。得知这些信息后,我问他,在这种情况下他是如何做到坚持上学的。此时,我选择沉默了一会儿,陪伴他停留在他的视角中。会谈结束时,我问他是否愿意晚一周到替代学校报到,因为很明显他需要向某些人证明,只要他想要,他就能做到。乔希认同确实有些人,比如父亲,需要改变对他的看法。接着我问乔希,"你希望他们将从你身上发现什么,以表明他们对你的看法错了?"他回答,想要人们看到他只是一个想要独处的好孩子(他曾经被帮派分子纠缠)。我同意他的观点,并告诉他我猜晚一周去替代学校就能够做到了。乔希同意了,并且再也没去替代学校。后来老师们告诉乔希的妈妈,他身上发生了巨大的改变,表现进步了很多,而且看起来对学校的兴趣也越来越浓了。我仍然不能确定在我们会面中发生了什么事情,使得乔希发生了如此大的改变……但,这又有何关系呢!

现在的学校老师和咨询师面对的困境是,这些学生拒绝为自己的行为负责,同时也抗拒权威和服从。这种挣扎的确是儿童和青少年的典型特征,但是教育者们(和这世界)认为自我评估、责任感和行为改变,对成长是必要的。对于抵抗,正常的回应就是抵抗。但是,这种互动模式很少能够奏效。就像两位拳击手举着拳头朝向对方移动,谁也不让谁首先挥出第一拳。抗拒型的教师和学生也是一样。本书第三章中所提到"基于优势的会谈"干预能够减少抵抗,不通过责备的方式来扩大可能性。然而遗憾的是,各种教育场景中所尝试的各种方法,看起来都只是关注诊断的评估方法,给学生和其行为贴标签,而不是关注当负面行为不存在的时刻。正如前面几章所指出的,这种信息对制定目前的策略或找到解决的方法几乎没有意义。

然而,太多学生将他们解决问题的努力视为无效,倾向于放弃所有希望。他们认为应该责怪父母或老师,于是便等着他们出现变化。而等待的代价是成绩下滑、名誉和自尊的丧失。本书提供的学生资料表由学生来填写,所填写的信息正是老师所不知道的那些在班上对他们有帮助的事。通常,如果学生感到自己被认为是一个坏孩子、被责怪、被讨厌、不被理解和不被倾听时,便会不愿沟通、拒绝合作。咨询师能够为学生提供一个这样的机会:"告诉我们,我们应该要了解的关于你的内容,因为你才是专家!"

学生资料表(Metcalf,1995,p129)对多数学生(父母和老师)来说是一项

与众不同的练习,甚至当与一位执行长官或父母一方共同完成时,会更加有效。咨询师或实施者可以这样开场:

> "你知道,我确信我们不了解你在史密斯高中的需要是什么。过去六个月你的表现一直很好,但是显然有些事情发生了变化,而这又是我们目前为止尚不清楚的内容。今天,我希望你能完成一次调查,请你观察你在课堂上表现良好的时刻。"

当学生开始观察她的行为时,她愿意改变行为的可能性就已存在。要求学生与老师讨论她的需求,能够增进老师与学生之间的合作。一位害羞的学生可能喜欢把表格放到老师的文件盒里,或者直接交给老师。这场冒险的重点在于,让老师知道学生正在试图去改变。对于高中生而言,这张表格可能不是必需的,但是这种理念还是很有用的。一次高中老师的会议可以为学生提供一次机会,让她告诉老师,她真正需要什么。老师事先准备如何贴近学生,这会使会议变得更有价值。通常对学生而言,一对一与老师交谈是件有挑战的事情。老师可能会被告知,学生想要试试不一样的方法来解决问题;不是探讨问题,老师想要讨论的是,什么事情可能会对学生的学习、行为的改善或课堂参与度的提高有所帮助。

此外,这项练习引导学生用不同的方式看待自己,就像他们能够完成作业。学生有更好的机会成为自己的专家,在下一次遇到问题时更有可能问自己一个问题,如"什么是对我有效的?"作为教育者,如果我们能够协助学生以实际的经验来认识和面对人生,那么我们真的可以送给他们一个礼物,一段压力较小的生活。

学生资料表

学生姓名：_____   日　期：_____

亲爱的学生：

　　你的老师和我很想要帮助你改善在学校的表现。以下，请列举出你认为在学校表现得比较好的时刻。(想一想过去几个月或最近一年)越具体越好。这也是一次机会，告诉我们什么能够帮助你做得更好。

　　例如，"当我想到老师喜欢我时，我的表现就会很好……""我了解家庭作业内容……""我把作业夹在书里上交……""老师叫到我时……""老师没有忽视我的回答时……"等等。

1._____
2._____
3._____
4._____
5._____

在这星期，对我有用的是什么：

_____
_____
_____
_____

学生签字：_____

家长会议：一次邀请父母合作的机会

家长会议角色扮演展示了学生资料表，教师为学生填写的资料表，以及家长会议对话是如何互助合作从而产生对每个人都有效的解决方法的（Metcalf，1995，p.133）。对话代表了所有关心者的努力，营造了每个人都有责任阻止"问题"产生的气氛。对多数家长而言，到学校开会意味着听到孩子在学校的表现有多糟糕，其中许多人会认为自己很失败，或者认为学校很无能，教育不好孩子。而以重构的方式进行对话展现的是，焦点解决取向如何能够使校方、老师和管理者避免被责备。对话使得系统内的每一个人都要承担责任，而且在干预策略制订出来之前，每个人的想法都会被重视和考虑。

正如语言所暗示的，解决方法存在于学校、家长和学生所观察到的事物中。注意用在对话中的语言："当 _____ 好转时"，"当你做些什么时，_____ 会好转？"这些都暗示着事情会好转，且充满了希望。孩子在学校惹了麻烦的父母被叫到学校时，通常都感觉很挫败。不过，当所有的建议均为老师、学生和父母他们自己提出时，这些建议实施起来就会很顺利，无惧失败。正如我在培训中所言，我从不要求任何人去做那些他们以前从未尝试过的事情，那么也就不存在失败的危险。相反，我会建议他们多做一些在其他情况下有效的事情。一位担心自己16岁女儿交友情况的妈妈，能够回想到去年夏天她对女儿开车的管理策略。她要求女儿告诉她，开车要去哪，和谁一起去，否则这一天就不准她开车。把这做法迁移至交友一事中，那就是要求女儿向妈妈介绍她的朋友，留下目的地的电话号码或地址，否则就不准外出，这样一来，妈妈的担忧就会少一些，感觉会舒服一些。

◉ 总结

本章中所描述的学校计划来源于这些信念:当你愿意按照学生的需求进行调整和改变时,学生自然会告诉你关于他们的事情,而这样的做法是有益的。以前我们常常会假设当学生毫无改变意愿时,问题就很难得到解决。本章内容邀请你将你对学生的假设放置一旁。每天在你的课堂上,有 20—30 个孩子,而每个孩子都有着与众不同的独特心思,给予每个人一些空间,让他们自己创造明天。

家长会议角色扮演

为了使家长会议气氛更为愉悦,学生和父母感觉更有力量,以下的表述和提问可参考使用。

1. 收集信息:家长赋能

"_____太太,我想要你知道,我对你这么快(愿意)地来参加这次会议感到印象深刻。很显然,你知道_____需要你的帮助。"

"你能确切地告诉我,你看到孩子在家里或学校中哪些情况是令你担心的?"

"你知道,那真的是和我们在这里(学校)看到的_____一样。"

2. 寻找例外

"_____太太,我真的蛮好奇,当你看到_____她(他)因为学校作业而没有感到烦恼的时刻。你能跟我详细谈谈那些时刻吗?(即便发生在1个月或1年以前)"

"哪一天,一周有多少小时,一周几次,你留意到_____没有遇到问题?"

"那么,当_____时(依次是:当你陪伴在她(他)身边时,当你检查她(他)的作业时,当她(他)没有和兄弟姐妹吵架时,当她(他)按时完成家庭作业时,当她(他)认为老师喜欢她(他)时等等),学校的事就变得简单了一些,对吗?"

3. 从问题思维变成解决思维

"这真是非常有趣,_____太太,因为当我看到把_____转介给我的老师所填写的表格(教师转介表),那上面提到过与你刚刚描述的情况相类似的事情,还有其他当_____表现良好的事情。这些表格,_____太太,列举出了当_____在课堂上表现良好的时刻。我们对这些时间点感到很有兴趣,因为我们真的想要_____成功。"

"我想和你分享一张表格上的内容，_____太太。这是你的孩子填写的。在这张表格上，再一次表明了_____对当学校情况好转时的观点。她（他）说，当她（他）_____（感受到老师喜欢她时，她不那么疲劳时，当她不是坐在教室后排座位时，当她不用再担心你和她父亲时，当她与你一起共度某些时光，当你在周末晚上不用被保姆照顾时等等），能够在班上表现得更好。"

4. 布置解决方案任务

"_____太太，基于_____、她（他）的老师以及你告诉我们对她（他）有用的事情，你建议我们可以在这周内尝试着做做看的是什么？"

5. 暗示成功

"_____太太，谢谢你今天能抽出时间与我见面。你的建议真的很有用。我想再多问你几个问题：

"当_____在学校表现比较好，而且你看到她正在发生改变时，你和_____将会多做哪些你们现在没有在做的事情？"

练习活动

战胜学校问题

你手头上拥有以下工具（再加上你自己拥有的妙招！）。在这星期内选择一名搞得你焦头烂额的学生，尝试做些不一样的事情。你需要：

- 教师转介表
- 学生资料表
- 刻度化问句

告诉你的同事，并邀请他们观察这名学生，找到这名学生身上的一些例外而不是问题。寄一封信给学生父母，告诉他们上周在该学生身上发生的例外。要求父母观察孩子在家中的一些例外，比如什么时候比较合作，什么时候学习比较认真，或者什么时候比较听话等等。把父母视为另一双眼睛，帮助你在班上更自如地应对该学生。这项任务需要花费 30 分钟左右的时间。当你的课堂变得更顺利，你的学生表现出不同行为时，你就会发现值得这么做。

发生在学校的令人兴奋的事

亲爱的家长：

我本周一直在关注 _____，发现 _____ 身上有以下几项优良的品德：

1. _____
2. _____
3. _____

教师签字：_____

第五章

面对学业困难的学生

"你认为自己行，你就行；你认为自己不行，你就是不行的。"

—— 亨利·福特

坐在后排的这名学生在阅读水平上低于同年级的其他学生。你已经尝试过咨询阅读专家,但是她的安排已经满了。你建议学校咨询师对他进行特殊教育测试,他的得分却很高。你还和他的父母进行了交谈,他们认为你应该找到一种方式来教他们的儿子。"我是一个班主任,不是特殊教育的专家,我没有额外的时间再来帮助他一个人。我还有其他 26 名学生!"你的理由是真实的,你的抱怨也是合理的。除此之外,你没有接受过辅导学生阅读的培训。但是,这名学生仍将留在你的班级里。当他闲下来时,他就会捣乱。他经常干扰其他学生。也许,他曾经被警告过他学习不好,所以他就不想尝试。而你的工作就是去引导他。你被寄予厚望,你要帮助他进步,而且有时候学校对你的能力和评价取决于他的成功与否。这不公平,但这就是当今班主任和学业困难学生的现状。

◉ 不顾一切地寻找"黄砖路"

在我们的世界里,人们认为自己需要他人的帮助。我们总认为世上存在这样一个"人",他更明智、更聪明、拥有更多经验、有更好的技巧、接受过更多的训练,他拥有我们想要的答案。尽管,我们怀着好意来做这样的事情,但是"这个人"开始认为学生是不是有某些问题,而我们也开始相信自己无能为力。但是,即使人们有机会和金钱来支持这样的咨询,也迟早是要终止的,而且必须得有其他人协助。拉里·弗曼扎克,英属哥伦比亚省乔治王子郡的一位学校咨询师和治疗师,曾经评论过这一困境:

"这就好像我们都成了《绿野仙踪》里的多萝西,把黄砖路作为解决学生问题的唯一途径。由于大家认为黄砖路存在,所以我们都停止尝试,选择咨询。我们似乎认为咨询是解决学习或者行为问题的唯一方法。然而当学生见到了魔法师,可他没有全部的答案。事实上,他因为不熟悉学生而不知道怎么帮助她。从某个角度来说,作为老师、学校咨询师和父母,我们需要建立足够的自信,靠自己来帮助学生。不到万不得已不去咨询。学生肯定擅长于其他某些领域,我们得发现这些领域是什么,并找到是什么在起作用,然后把这些策略运用到课堂上。最为重要的是,为了帮助他们相信自己是有能力的,我们也得相信自己是有能力的。"

亨利·莱文是斯坦福大学的经济学家和教育家,过去十年,他一直反对对学生进行分类。他认为帮助学生找到通往成绩优异的路更多的是老师的责任。"任何时候,如果你开始挑选孩子,那么最终你会根据已有的假设来给孩子分类,"莱文说,"如果你开始说这个孩子处在危险之中,那么你就是在说这个孩子有缺陷。因此,我们就会把这个孩子送到'维修铺'。问题是,当你给孩子贴上标签之后,他在每一条可能的道路上都不会成功了。你让这个孩子看到他或者她不能和其他孩子一样优秀。与此同时,其他孩子正在一直进步。一旦这个孩子进入了'维修铺',那么他永远都不会再离开那里了"（Levin,1994,p 47）。在莱文的"加速学校",课本被换成了杂志、报纸和其他各种类型的让学习者感兴趣的书。父母轮班在大厅里漫步,一排排的桌子被抛弃掉,以便有利于合作式学习方法的实施。学生们组成小组,老师和助手在教室里巡视。学校预期所有的学生都能达到校方设立的目标,并且用各种方法来推动学生,从而使学生能够实现期望值。

◉ 多元学习模式已经到来

如果你是一个班主任,迟早都会碰到这样一个挑战,你班级里的一个（或者几个）学生,他们的学习情况和其他人不一样,你需要使用多种技巧、花费大量的时间来帮助他们完成学业。这种状况也许会发生在以下几种情形之中:由于学生的父母不愿意承认他们的孩子有特殊需求,所以校长拒绝了你把学生转到替代学校的提议;学校咨询师对学生进行了测试,发现学生有学习的能力,不需要特殊教育;或者这是一个接受过特殊教育的学生,她被放在你的班级里,以便她能体验正常的课堂氛围,不过似乎目前她还不能理解课程内容。我们面对的挑战是帮助这些学习困难的学生,并成为一个教他们基础知识的专家。"相信我们每个人都可以成为帮助这些学生的专家",这是我们改变他们的生活所迈出的第一步。为了接受这个具有挑战的新信念,回想一下你是怎么面对生活中其他具有压力和挑战性的情况的。这是非常有用的。

下面的这个清单可以帮助你发现你在面对这些事件时所采取的个人策略。

个人清单：当任务似乎不可能的时候你会做什么

下面的问题涉及你是怎么处理个人和专业生活中那些有挑战的、似乎不可能完成的情况的。请思考，当你接受来自于孩子、亲戚、配偶或者重要他人的挑战时，你采用的方式。请回忆当你比现在更年轻一些，且能处理甚至是最困难情境的时候。和你的同事、好朋友一起思考你的长处和能力，当生活似乎无法改变时，找到对你有效的事是什么。

1. 当你面对一个似乎无法解决的个人困境，或在规定时间内似乎无法完成的任务时，你会做些什么？请在下方列出至少三条策略。

    （1）_____

    （2）_____

    （3）_____

2. 当你坚持完成这个任务、克服困境的时候，你会怎样解释你思考这个问题的方式？

    （1）_____

    （2）_____

    （3）_____

3. 在社会情境中，或者同家人或重要的人在一起时，面对这些有挑战性的、问题繁多的情境，你会运用什么有效的个人技巧来帮助你？

    （1）_____

    （2）_____

    （3）_____

4. 在头脑中找出一个最近被问题困扰、且对你而言非常重要的人,他可能是你的朋友、同事或亲戚。你是怎么帮助他们应对困难的?你采取了什么措施,似乎帮到了?在这种情境下,你是怎么做到坚持,而不是放弃的?

(1)_____

(2)_____

(3)_____

5. 下周,当你在班级里开始对一个有挑战性的学生使用你在以上1、2、3、4题中所描述的想法时,你将看到自己做些什么能对学生有一点点的帮助?

(1)_____

(2)_____

(3)_____

● 发现专家教师

你发现了哪些内在力量来帮助你在日常生活中应对你的个人生活？很可能你从没想过你是怎么循序渐进地解决了非常重要的挑战或问题。当你面对一个具有挑战性的学生,且感觉没有力量去帮助他时,这些相同的策略可以考虑采用。不过有时候也存在一些不可能的情况,比如在你班上可能会存在学生有下列情况：

- 缺少家庭支持
- 缺少社交技巧
- 阅读能力差
- 有注意力缺陷
- 语言技巧差
- 缺乏自信

我们学生的生活常常受我们的行为影响,因此,深入挖掘我们的个人技巧,并充分相信我们可以为正在经历困境的学生做一些不同的事,这些都是有意义的。

在第五章中,我们会分享许多鼓励你、给你自信的主意,这会帮助你影响和教导学业上存在挑战但转介失败仍需留在你班上的学生。有时候,呈现出来的方法对于你来说是很新颖的。例如,你也许会发现,有注意力缺陷或多动障碍的学生站着时能完成他的拼写作业,但在坐着的时候却不能。你也许会发现说话过多的那名初中女生,当你让她坐到教室外面、远离她的朋友时,她却能够很好地完成阅读任务。你也许会发现如果这是一本驾照手册,18岁的贫困男生就会更愿意去读这本书。如果你允许五年级的男生用心算做加减法的题目,而不是在纸上演算,那么他也许会开始完成他的数学题。无论是何种情况,当你在课堂上遇到困难时,也许此时就是你配合学生进度的时机,换言之,也就是停止按照你的想法来改变学生的时候到了。你要相信学生,让他告诉你什么对他来说是有用的。

下面将提供一些焦点解决取向的技巧、观点和建议来帮助你应对学业上存在困难的学生,便于你在与学生家长、同事进行头脑风暴时,制定新的焦点解决取向的个体化教育计划。不论你是小学老师或中学老师、特殊教育老师或替代教育老师,当你自己对成功的定义与学生的定义不一致时,请注意会发生什么。同时,请尝试明天就开始在自己的课堂上用这个新的观念去改变学生。

◉ 你的英语课会有金属乐队或莫扎特吗?

托伊·安杰尔老师

马克是我十年级班上的一个学生,他被贴上了特殊教育学生这个标签。我第一次见到他的时候,他整堂课上都戴着耳机,一直在听金属乐队的音乐。他还经常用这样一个问题来打断我的课,"老师,我不明白你的意思",并且用孩童般的声音发表各种评论。在本学期前两周,我尽可能抓住任何可以交谈的时机与他对话。有一天,在备考复习之后我问他有没有完成课堂任务,马克回答:"没有,我是一个特殊教育学生,反正我也不会做。"

然后我问是谁告诉他,他什么也不会做。他说:"这很明显啊。他们(老师)不让我接受这个测试,因为他们知道我不可能通过。而且,我的父母也总是说我很笨。"

我一时语塞。下课后,我向他强调,他永远都不应该躲在这个标签下,因为这样会使他回避做任何可以施展他才能的事。然而,他不听我劝,耳机里的声音还是那么大。我问他,为什么他要戴耳机,他告诉我说是"为了阻隔外界的噪音,集中注意力"。从那一刻起,我就对他产生了兴趣,并问他在听什么,他给我看了一堆重金属摇滚CD。我告诉他一项关于莫扎特及古典音乐与学习关系的有趣研究，并问他是否介意试一下古典音乐，我们可以自己做个实验，观察这种风格的音乐能不能帮助他学习。尽管他从不听我带到班级里的莫扎特CD，但是，他的音乐品味确实改变了，变成了偏宁静的类型。一周内他没有再把耳机带到班上！

通过几次课堂提问和每天课后与他的谈话，他开始留意我。有一天，我在批改作文。为了保护隐私，我让每个学生都在走廊里与我交流。在我和马克谈话过程中，我发现当我说起他的作文时他不敢看我的眼睛。于是，我只在他看着我的时候和他说话。他疑惑地看着我。我向他解释："看着别人的眼睛代表着你在关注别人说了什么。"不知怎的，话题转到了他的特殊教育上。他说在他小时候，父母总是夸奖他的词汇量，但是后来发生了一些事，忽然父母停止了对他的赞扬。很快，周围的每个人都开始说他很蠢。

我问他："你觉得我是怎么看你的？"他回答："你和他们不一样。你觉得我能做任何我想做的事，你认为我很好。"我告诉他，他是对的。然后我又问他，他觉得谁对于这个话题更有发言权，是别人还是我。他笑着回答说是我。我说，任何一个人告诉他做不了某件事，他都应该高兴，因为他们只是害怕他会成功。其实，我知道他是那种喜欢让人刮目相看的人。他坐直了身子，说"好的"。在他回教室之前，我向他保证，以后也许我会听说有个叫马克的人发明了一些非常酷的东西，如果我够幸运，我作为他十年级的英语老师将会被他记住。

接下来的一周，当我在英语课上讲授关于亚瑟王这一部分内容时，我要求学生交了很多论文。马克也不例外。当他旷课或者落后了，我仅仅告诉他可以选择在辅导课或者午餐时见我，但是他必须做作业。他开始规律地上课。在过渡时期，我总是和他打招呼，并问他这一天过得怎么样。如果他从门前走过，我向他挥手，他也会向我挥手。我们一起克服了他在全班同学面前讲话的恐惧感，这样他就可以展示他的论文。他表现得非常好。学校最后一天，马克来老师休息室找我,他告诉我,原本他想买一张卡片给我,但是他买不起,接着他递给了我一张纸条。我读完后哭了,我抱住他,并告诉他我从没怀疑过他会成功。纸条上是这样写的:

> 安吉尔老师,你是一位非常棒的老师,你帮我超越了我的极限。你教会了我认识自己和亚瑟王。从来没有一位老师或别人曾为了某件事或实现某个目标而激励我,使我努力学习。作为回报,我能做的就只有谢谢你为我所做的一切,并祝你好运!我希望每位老师都能像你一样,因为像你一样的老师实在不多了。
>
> 再见,我会想念你的。
>
> 马克

◉ 改变描述方法,就能改变结果

当安吉尔老师听到马克对自己的看法时发生了什么事?安吉尔老师没有接受他的看法,因为她明白这会束缚他,让他相信自己确实无法做到。如果她同意了这个看法,就等于强化了这个看法。如果作为他的老师,她不同意这个看法,那么她将向马克传递一个不同的信息。当人们用特定的方式来看待自己,那么就会伴随与之相一致的行为。原有的信念是产生动力和学习新理念的障碍。仅仅表扬是不够的。当老师表扬一个认为自己很糟糕的学生时,学生通常不会接受。当老师问学生,"那个时候你是怎样成功做到的?"此时,学生在这件老师困惑的问题上变成了专家。老师不描述学生什么做得好,而是作为一个观众指出被学生自己忽略的成功之处。这样的互动能够帮助学生从不同的角度看待自己,这是非常有用的。

创造新的描述

这里的一些要点摘自比尔·欧·汉隆(1996)的著作,可以用于尝试改变学生对自己的看法,这样他们就会更有动力。有时候,人只需要一个新的定义就可以更努力。当你读到这些要点时,对照着某一名特定的学生,你非常关心他的学业。

1. 找出一个不认为这个孩子是没有能力的人。

   问学生:"当你把事情做好的时候,生活中谁会关注你?"

   问同事:"当 _____ 有一点点成功的时候,谁会注意到?"

2. 找出学生或学生生活中隐藏起来的或没被注意到的部分,这些部分是与众不同的,是更容易成功的。让学生解释更容易成功的这部分是什么在起作用。

   问学生:"什么时候你会觉得生活状态是好的,并且对自己的感觉好一些?"

   问同事:"_____ 的独特之处是什么?"

3. 找出学生最棒的时刻……这时候他(她)认为好事情会发生在自己身上。

   问学生:"告诉我一些别人不常在你身上看到的事情。"

   问同事:"什么时候你曾注意到 _____ 看起来有多一点点的自信?"

4. 把这个学生和其他类似的学生进行连结,这些学生曾经对自己感觉到有一些失望却成功摆脱了这种感觉。

   告诉学生:"我想让你和乔伊坐一起。乔伊最近发现了一种方法可以在20分钟内完成他的拼写。"

   问同事:"你注意到在什么情况下 _____ 会和他人合作良好?"

5.通过让学生知道其他人也曾经历过与她相似的困难对学生的问题进行合理化。如果可以,自我表露你曾经历过相似的事情。

告诉学生:"我真的明白事情有多艰难。这让我想起了去年我的一个学生,她的奶奶去世了。一到两周后,她选择每天花一分钟来思念她的奶奶,她发现这样做会感觉好一点。你有没有什么关于你奶奶的特别的事想要告诉我?"

6.让学生在相同的情境下使用不同的方式,不要因为同一个不起作用的模式而停滞不前。

问学生:"我在想,今天早晨我们做什么小尝试,才能让你的数学题目完成得更快?让我们制定一个计划!你先开始。"

◉ 办公桌不是禁止靠近的

你的学生怎么看待你?他们认为你平易近人,还是认为你拒人于千里之外?教室里,我们的出现创建了学习的氛围。当我们走进教室,我们拥有增进或摧毁学生学习欲望的能力。这是个巨大的责任!我们和学生或家长交谈,设计教学计划,或订购新的教科书,这都是在冒险。我们的讨论、称赞、评论和意见对我们的学生来说都很重要,即使有的时候他们不承认。

我曾经和一个17岁的高中生谈论他在学校的表现。因为他想和他的同学们一起毕业,他的父母非常关心他在学校的表现。六门课中,他有两门课没有通过。他说他知道没有花费足够多的时间和精力来完成作业,但是他感到自己的能力不足以完成任务,所以他就想放弃了。他是个可爱的学生,持续为许多教职人员和董事会成员做各种风格的电脑图画和录像带。他向我夸耀,他从来没有一天不去上学。他喜欢学校,也很享受见到朋友。他似乎只是不能通过全部的课程考试。

谈话过程中,我问他六门课中其他四门课的老师做了什么,让他可以通过考试，并让他保持动力去尝试和交作业。我还让他思考以前的一些老师做了什么，从而帮助他成功地念到高二。思考了几分钟后，他承认一直挣扎在留级的边缘，每一年他都是刚刚能合格。然后他说了下面这些深思熟虑的话：

"其中有些老师确实在班级里鼓励我，这对我也有效。我很容易分心，有时候作业写完却不交就离开了。一直以来我都是做作业却忘记交给老师。我的注意力和视觉从小学开始就存在问题，而且我也很难记住我本该记住的每件事。这不是借口，事实就是如此。去年，我的历史老师总是在我离开她的课堂前提醒我交作业。过了一段时间后，我就能够自己记住这件事，因为这变成了一种习惯。"

"我喜欢工作表和填空类型的试卷，因为这能帮助我关注书本上的重点。阅读和集中注意力对我来说很困难，所以，当我有一个工作表来告诉我什么答案是重要的时候，我就能理解对于这个测试需要学习什么内容。在回答需要大量思考的问题时，我的成绩就很差。当答案直接明了的时候，我能做得更好。今年的社会学老师就是这么做的……她甚至让我们在考试过程中使用工作表。她出了测试题，这样答案就不会在工作表上，工作表只是用来帮助我们思考正确答案。"

"过去三年大概有二十位老师，其中有两位老师不在意我是否会请求他们的帮助，其他老师则连你靠近他的办公桌都不愿意，好像你站在那里会激怒他们一样。如果我和那些老师交谈感到不舒服，我就不会说。那些我无法交流的老师通常也不会给我好果子吃。这样的话，不论我想不想做作业对我都不会有帮助。那些喜欢我并花时间教我的老师，我总是能通过他们的课，因为我会告诉他们我的需要，而他们也总是会倾听。"

许多学生如此糟糕地看待自己，以致他们的表现低于他们的能力。想象一下,如果他们中的大多数变得上进,仅仅是因为你用不同的方式告诉他们,他们对你来说是如此的重要,你愿意为他们做任何事情来帮助他们取得成功。试想一下,如果突然间,他们把你的办公桌视为可接近的,你也愿意跨出第一步,主动询问:"先前的老师做了些什么来帮助你表现得更好?"老师尊重学生的需求,当学生不知道怎么解释自己的时候就找他们帮忙,这样的老师是平易近人的。尽管焦点解决老师和其他人一样忙碌,但是他们意识到询问学生的需要花的时间也不过 15 秒,而一天上班时间有 8 个小时。焦点解决老师明白挖掘对学生起效的事,不仅能帮助学生,还有助于老师的课堂管理、课程设计和班级士气。

进行这样的额外工作是很困难的,有时候也是不舒服的,因为这意味着老师必须放弃把自己的目标强加给学生,要学会倾听学生的需求。有趣的是,学生的目标常常是和老师一致的:

老　师:你今天似乎很低落。发生什么事了?

学　生:我老爸数落我的代数成绩。

老　师:那太糟糕了。怎样才能让他不和你啰唆呢?

学　生:当然是通过考试啦。

老　师:你离及格就只有 5 分之差,你意识到这个了吗?

学　生:我失败了,如果我不提高成绩,我就得放弃足球。

老　师:你离及格就只差 5 分。你觉得你和我可以做些什么能增加 5 分,这样你的爸爸就会让你休息,你也可以继续玩?

学　生:家庭作业。我做了,但是我忘记交了。有时候太难了,于是我就放弃了。

老　师:这样的情况以前有没有发生在其他课程中,而你却做到了?

学　生:上个学期我会在辅导教室学习历史。我的老师让我通过了。

老　师:那你觉得每天什么时候你可以来这里?

学　　生：可能要在放学后,因为在足球练习之前我有三十分钟。

老师过去的经验表明,只要学生愿意尝试,围绕着学习的目标和策略就会有一个积极的结果。然而,如果老师的目标不是学生的,那么努力很可能会白费。就像这个学生所做的那样,最好是帮助学生建立他自己的目标。当学生相信老师是真心为了他们的学习,他们也会变得更努力。不要忘记第二天的随访,问学生什么方面有所进展。如果学生不知道,那么就试着赞美他,即便非常简单,就如"我对于你想要事情变得更好并且愿意付出努力的意愿感到印象深刻"。

◉ 成功阅读不需要巫师的帮助

我们认为深入挖掘学业问题对帮助学生并不总是必要的。然而,有时候同事和家长坚持在学业问题上挖掘得更深入一些,尝试识别问题,而不是关注解决问题。在这个案例中令人敬佩的立场是,承认学生的需求,与他们一起探讨,他们需要对学习问题了解多少才能够帮助他们制定计划。也就是说,问家长和同事知道问题的构成如何能够有帮助,然后引导他们讨论学生的能力。当老师听到答案,这个答案就可以作为目标设定的一部分。下面的案例遵循了这一策略,向我们表述了老师是怎样通过特定的步骤让学生、家长和她自己通力合作、共同战斗,并取得了成功。

苏珊

10岁的苏珊有阅读障碍。学校咨询师想引导家长和班主任跨过问题,帮助他们识别苏珊的资源和能力。她的父母和老师在这一学年的早些时候已经要求她做了测试,测试结果表明她存在阅读困难,这是她落后于同学的原因。这一年里苏珊的进步很慢,她的父母开始寻找更多测试,认为当他们了解更多关于孩子不能阅读的信息后,就会有更好的指导方针。她的老师因为她的成绩达不到年级平均水平而感到不安,家长因为她不能单独完成阅读而感到不安。她的妈妈在家里尝试过让苏珊靠自己的力量阅读,尤其在暑假的时候,但是她拒绝了。父母继续在学校里寻找能够帮助解决问题的人,因为他们感到很无助。他们不知道下一步该做些什么。学校咨询师没有建议苏珊去上特殊的阅读辅导课,而是决定让苏珊继续留在普通班级里。

我开发了SMART程序,该程序由以下的步骤构成:帮助老师和苏珊这样的学生一起工作(Metcalf,1997,p163)。

S.M.A.R.T 计划(教学中的动机和学术资源的解决方案)

第一步:确定目标和客户

客户就是需要帮助的人。这个案例中,客户是老师和苏珊的家长。苏珊的父母和老师的目标是帮助苏珊提高阅读能力。他们知道当她离年级平均水平更近时,她就是成功的。这是一个可量化的目标。听到每一个人对这个学生的目标是非常重要的。稍后焦点解决老师将会邀请苏珊作为客户。目前,最关心这件事的人都有家庭作业。这对于稍后与学业上存在困难的学生一起合作很重要,确保"系统"中的每个人都朝着同一个方向前进。为了取得大家的合作,老师第一个给家长打了电话,并有礼貌地倾听了家长的担心。在听到他们的担忧后,她发现让他们回答下面这个刻度化问句有助于识别他们对女儿的目标。刻度化问句使得期望是现实可行的,能帮助相关的每个人都看到每一次迈出一小步所取得的进步：

说："在 1-10 的刻度上，'10' 代表她已经达到了年级平均水平，'1' 代表她完全不会阅读，你认为她现在在哪？"

不会阅读 _____ 阅读水平达到同年级平均水平
　　　　 1 2 3 4 5 6 7 8 9 10

最后，老师告诉苏珊的父母，在他们第一次会面之前，她还会寄一份观察表（学业成功的家长观察）让他们填写。老师还告诉他们她将和苏珊谈话，亲自观察苏珊在学校里成功的表现（学业成功的老师观察）。她着重强调了需要每个人都关注对于苏珊什么有效，而不是什么无效。

第二步：寻找问题的例外

老师观察在学校里苏珊什么时候表现出色，尤其是阅读活动中表现异常出色的时候。然后她研究了下面这些关于苏珊在学校学习和家庭生活中的例外，这些例外为与家长的会面提供了希望和点子。

1. 苏珊经常举手在班里大声朗读。

2. 苏珊极易分心，药物可以帮助她集中注意力。

3. 当苏珊的任务是修订过的、适合她的，且时间短一些时，她不会感到那么不知所措，她就能完成任务。

4. 通过指导，尽管苏珊还是落后的，但她已经达到了一年级的阅读水平。这告诉我她有能力学会某些阅读技巧。

5. 苏珊从老师那获得更多的关注后能做得更好。这能使她保持注意力，不开小差。

6. 苏珊在数学上能达到同年级平均水平，喜欢在班级电脑上做数学作业。

7. 这学年开学到现在，苏珊的阅读水平已经稍有提高了。

老师通过使用"学业成功的教师观察表"列出例外清单,并复印给了相关的每个人。她还让苏珊的父母检查他们的表格,然后复印一份。另外一份"与学生一起解决学校问题"的表格用来帮助老师与各年级的学生交流学校生活。苏珊的老师在会见她的父母之前与她进行了交谈。语言可以根据学生的年龄进行调整,但是步骤要保持一致。若老师和家长一起合作,根据学生的情况来帮助学生,最终得到的结果将是无价的。

第三步:对学生支持系统的建议

学生当前的支持系统指的是,所有与她学业成功相关的人。以苏珊为例,这个系统由她的父母、老师和学校咨询师组成。当家长和老师见面时,可以采用下面的对话:

"假设我们用略有不同的方式思考这个情形。假设已经没有其他项目可以让苏珊参加,没有更多的测试。假设协助苏珊尽可能取得成功的任务只依靠我们。根据清单上列出的这些理念,仔细检查这些例外,一起为苏珊想出一些策略。"

学业成功的父母观察

学生姓名：_____　　　　日　　期：_____

教　　师：_____　　　　班级/年级：_____

请回忆在过去几年里,在哪个年级你的孩子(儿童/青少年)曾经成功过,把相关的经历写在下面的横线上。什么样的教学方法似乎对你的孩子(儿童/青少年)效果最好？

_____

_____

当你的孩子(儿童/青少年)和特定的科目或课程作斗争,有时候你采用什么策略来协助他的作业？当你的孩子(儿童/青少年)对于某个情况或科目生气或不抱有幻想时,你在家里会做什么？

_____

_____

列出什么类型的老师似乎最适合于教导你的孩子(儿童/青少年)。老师做了什么特殊的事能让你的孩子保持兴趣并竭尽全力地集中注意力在所做的事上？

_____

_____

今年你孩子(儿童/青少年)的老师做了什么有效的事？

_____

今年你做了什么有效和有帮助的事来帮助你的孩子(儿童/青少年)?

_____

_____

学业成功的教师观察

学生姓名：_____   日　　期：_____
科目/课程：_____   老　　师：_____

下面请列出学生参加的至少能取得部分成功的活动。指出学生是做了什么而成功的，以及教师运用了什么教学方法。用1—10分来评量学生的进步，1=不成功，10=完全成功。

活动/任务：_____
表　　现：_____
教学方法：_____
评　　分：_____

活动/任务：_____
表　　现：_____
教学方法：_____
评　　分：_____

活动/任务：_____
表　　现：_____
教学方法：_____
评　　分：_____

解决方案头脑风暴工作表

1. 得到学生关于问题的看法,和她一起明确一个目标

"苏西,这个似乎对你现在而言有点儿难。你想要自己在学校是怎么样的?"

_____

_____

"如果我给你一个1—10分的量表,'10'代表你在学校的事情进展很完美,'1'代表事情进展得非常糟糕,这次你把自己放在什么位置?"

_____

"我将会看到你今天下午(小学)/这周(初中)做什么,从而使得你在这个量表上前进了一小步?具体会是什么样的?"

_____

如果学生告诉你别人会做什么,同意她,然后说:"我知道,但是我们不能改变他。你可以做什么使得事情对你来说更好?"

_____

_____

2. 和学生一起寻找没有问题的时候,说:

"苏西,你能够带我回到问题不再困扰你和你通过了……(科目)的时候吗?"

"当时你做了些什么事来帮助你取得成功的?你是怎么做到的?"

_____

_____

"告诉我,其他老师已经做过的真的对你有帮助的是什么?"(问几次,这样你就有很多例外了。)

_____

_____

3. 作为她的老师,你还需要自己观察,什么时候看起来学生是融入学校生活的(参见学业成功的老师观察表)。向学生询问,你的观察是否正确。

"我注意到昨天当我告诉每个人把他们的拼写单词交上来的时候,你也能够把它们放到我桌子上的绿色盒子中。我的提醒对你会有帮助吗?如果你希望我这么做,那我就会这么做。"

问学生你还做过什么别的来帮助问题变小。

"我注意到你喜欢看图画书几乎胜过文字书。告诉我,你为什么喜欢图画书呢?"(一个例外)

---

4. 询问父母或重要他人怎么能帮助这个学生。

"假设你明天早晨起床,一个奇迹已经发生了。不仅仅在学校很顺利,在家里,父母正在做一些能够帮助你在学校更顺利的事。他们会做一些什么不同的事?"

"当我见到你父母的时候,可以告诉他们你的想法吗?"
_____ 可以 _____ 不可以

5. 无论你看到学生做了什么努力来解决学校的问题,都称赞她。然后问她:
"这个时候,你觉得你应该继续做什么对你来说才是有效的?"

"我能帮你做些什么?"

父母的观察（回顾学生学业成功的父母观察表）

"让我们一起来看看过去苏珊是如何能学得好，并且坚持做某件事的。你和我一起回顾一下我给你的观察表（复印几份）。假设我们根据你发现的、对苏珊在校表现有效的事，建立几个在家里帮助她的策略。根据你们作为父母的观察，你们建议在家里、在小范围内，你们可以尝试和苏珊一起做些什么？"

"告诉我，当苏珊不想做某事的时候，你是怎么成功地让她去做的。你是怎么获得她的合作的？"

"我想知道你的策略是怎样转化从而帮助她在家里'练习'阅读的。"

"我也注意到了，苏珊在课堂上自愿朗读。听起来，在家里大声读出来也许会有效。你怎么看？仅仅只在阅读方面，你会建议她在家中哪里、什么时候这么做？"（这将给家长更多的职责来选择和实施帮助的策略。）

教师的观察（回忆学生学业成功的教师观察表）

"听起来如果更多地关注到苏珊是对她有作用的。我准备把我上周的观察结果复印给你一份（复印几份）。而且好像花费时间短的作业，她也更有可能完成。既然苏珊如此喜欢电脑，我找到了一些电脑软件，希望可以帮助她阅读。不论何时，当苏珊发现作业有点困难时，我会让她在电脑上完成一个特意设置的、较为简单的作业。她和团体合作愉快。我给她报名了一个伙伴小组，在这个小组里年长的儿童念书给幼儿园的孩子听。她会在周四时给他们朗读故事。"

除此之外，延伸支持系统、收集更多潜在例外是有帮助的。我建议让另外一个老师、学校咨询师、家长或学校心理学家在班级里待一两天，再另外填一份老师观察表，注意苏珊什么时候会集中注意完成作业，且更高效。两周后（或者其他什么时候），苏珊和她的父母与老师会再次见面，一起讨论苏珊的进步之处。会面时,我鼓励老师这样开始会谈:"让我们来说一说苏珊哪些方面表现得更好了。"第二次会面结束后,老师要把学生、父母和其他老师包括自己的信息进行总结汇编,建立一个焦点解决个性化教育计划(IEP)。

焦点解决个性化教育计划的建立来源于我曾亲自参与的一些面谈经验。我小儿子的注意力曾短暂影响到他的学习和效率,他的老师和我都想做一些不一样的事来帮助他。在和他的副校长、语言治疗师和他三个老师一起会谈后,我不禁思考:"我们现在怎么做?"我好奇地问他的两个老师,他们认为他们已经做了什么帮助他记得交作业,并把家庭作业带回家。当他们叙述他们做了什么时,第三个老师表示她可能也会尝试他们的做法。对于能和这样一群乐于接受新方法的老师一起工作,我感到很幸运。这些方法很快就被接受和实施了。他开始在课堂上做得更好。

◉ 当家长对提供协助不感兴趣时,能做些什么

当家长没有时间,或想把时间花在向学校寻求帮助上面,他们也不想参与为他们的孩子(儿童/青少年)做什么时,把《教师观察表》复印给与该学生相关的所有老师,以及校长或副校长。然后,让你的团队和学生一起讨论,学生觉得什么对她有帮助,并分享你们的观察。换言之,创建一个支持系统表达"我们在这儿照顾你"。这种类型的会谈,比较适合中学生。他们会比你想象中的更感激你。小学生也能从这样的会谈中获益,只是,"关于怎样在日常生活中接受帮助"这一点,他们也许还需要另外的指导。这样一来,"系统"对学生来说,就会起作用了。如果小学生非常依赖你或系统里的其他人,不要觉得惊讶。你终于可以给孩子一个他可以依赖的人了。当这样的情况发生时,要利用这个机会给予学生某些对他的幸福感来说至关重要的东西。当他感受到你的善意,他会

独立起来,并且感到不再那么需要帮助,终于有人愿意随时为他付出,并与他相处,这对他来说是非常有吸引力的。

职业或学业规划的路径设计

总有学生因为他的智商和能力无法成为一位学者,也总有老师虽心怀善意想帮助他们成功,但还是失败了。在这种情形下,《解决方案的头脑风暴工作表》对于解决问题或识别替代教育计划会有帮助,我们的目的是为社会培养功能良好的、有效率的成年人。你也许会发现使用这张表格的人往往会想要再次回到学校。如果学生的考试成绩和学校表现始终低于平均水平,你可以用尊敬和温和的话语对学生系统中的相关人员说:"那个有效吗?"……"那个方法没有帮助,让我们一起来看一看还有没有其他方法吧。"

总结

个性化教育计划的重点应该是收集信息,向新的和有益的方向发展。关于学生为什么做不到的解释,就像是有刺的铁丝网,只是告诉我们什么是错的,什么是无效的。"例外"则告诉我们该去哪儿,什么是对学生有效的。如同新产品的说明书能够告诉我们如何组装零件,为学业上存在困难的学生所组织的会谈应该需要讨论什么是对学生有用的,而不论他的能力看起来是如何不足。这样的方式可以帮助老师、管理人员和家长都关注学生的能力并帮助学生提高能力。这将给学生系统中的每个人都带来一种善意和团队合作的感觉。

焦点解决个性化教育计划（IEP）

学生姓名：_____   班级：_____   日期：_____

A. 现有能力

1. 影响学生参与教学安排的身体因素

　　____ 没有身体限制；没有调整普通课程的需求

　　____ 有部分身体限制；没有调整普通课程的需求

　　____ 由于以下限制而需要调整：

　　　　_____

　　　　*在什么活动中，这些限制不会影响这个学生？列出具体活动内容：

　　　　_____

　　　　_____

　　　　_____

　　　　*根据上面的活动，请描述出需要调整的有：

　　　　_____

　　　　_____

2. 影响上体育课的身体因素

　　_____ 是 _____ 否　学生有能力接受正常的体育课教学，无须调整。

*如果选"否"，请在下面列举出该学生能够接受的教学内容。

_____

_____

*根据以上活动能力，提出建议：

_____

_____

B. 行为方面

1. 教育安排和规划

　　_____ 不需要调整

　　_____ 有一些可能会影响到学习,但是没有严重到退出普通班:_____ 任务完成得差:_____ 冲动的 —— 需要提醒他慢慢做

　　_____ 易分心的 —— 也许有时需要隔离,坐在教室的前排等:_____

　　其他:_____

　　*_____ 由老师、行政人员和家长识别出的,表现在特定学习任务/活动中的能力,和在课堂上增进合作的能力:

　　_____

　　_____

　　_____

2. 遵守纪律规则的能力

　　_____ 适合年龄和文化团体的行为表现。应该对他们如对待无障碍的学生一样。学生应该能够遵守地区的纪律管理计划。使用 TEA 规则时,可安排替代教育或留级,学生有责任遵守校规和校园政策,不需修改。

　　*_____ 学生有责任遵守校规和校园程序,且需运用修改过的纪律计划。下面的这些方法是通过老师、行政人员和家长直接观察得到的,已经被证明对学生有效。

　　_____

　　_____

　　_____

C. 职前/职业(在合适时机)教育

技能是职业教育的先决条件。对以下技能进行1—10的评分,"1"代表不具备该项技能,"10"代表完全能胜任。

　　_____认知技能　　　　　_____表达技能

　　_____阅读水平　　　　　_____组织技能

　　_____执行技能　　　　　_____社交技能

　　_____语言理解能力　　　_____服从指令

　　_____出勤　　　　　　　_____个人卫生/自理技能

　　_____守时　　　　　　　_____其他

* 利用所有评分为6或以上的技能,列出学校里有可能的适合该学生能力的项目。

_____

_____

D. 学术的/发展性的(没有达到相应的年纪或年龄发展程度)

1a.*_____指出哪些学科内容是学生可以胜任的,该科目学生可以接受一般的、不需调整的内容。

　　_____所有科目　　_____阅读　　_____数学　　_____社会研究

　　_____英语　　　　_____科学　　_____拼写　　_____电脑

　　_____健康　　　　_____职业　　_____美术　　_____体育课

　　_____其他_____

1b.* 根据已有的学科能力,与指定的老师一起合作:在下面列出这些科目,并简单阐述对学生有用的教学方法**。

(** 个别作业、小组作业、与同伴隔离 = 更少的注意力分散,个人图书馆任务/科目、视觉刺激、坐在离老师近的地方、家长合作/协作、旅行、奖励、日期、分

第五章·面对学业困难的学生

配任务等。)

　　　　科目　　　　　　　　有效的教学方法

　　_____:_____

　　_____:_____

　　_____:_____

　　_____:_____

2.*指出学生的能力发展仍需要哪些方面的特殊教育课程

　　_____所有科目　　_____阅读　　　_____数学　　　_____社会研究

　　_____英语　　　　_____科学　　　_____拼写　　　_____电脑

　　_____健康　　　　_____职业　　　_____美术　　　_____体育课

　　_____其他_____

3.*列出2中学生需要从特殊教育中获得额外帮助,进而能力得到进一步发展的科目。同时列出从1中得到的、合适的、有效的、有利于更好的学业表现的教学方法。

　　　　科目　　　　　　　　有效的教学方法

　　_____:_____

　　_____:_____

　　_____:_____

　　_____:_____

朝向解决之道的头脑风暴

适用学校问题

1. 抱怨:是什么导致学生不能在学校取得成功?例如:他的阅读水平达不到一年级的水平。

   _____

   _____

2. 抱怨的解答:在不久的将来,他在班级里做什么能够使他更顺利?(描述这些行动将会是什么。)

   例如:他的阅读将达到同年级平均水平。

   _____

   _____

A. 解决方法将会如何帮助他在以后的生活中维持良好的表现?(他作为一个人、一个社会中的成人会做什么?)例如:他能阅读报纸、遵从指令、开车、开支票和填写求职书。

   _____

   _____

   _____

B. 包括学业成功在内,这个学生是如何学习的?他是怎么学会系鞋带、记住休假、记得少量信息的?他如何能学得最好?例如:他是一个视觉学习者,他必须,重复一个任务才能记住怎么去做。他喜欢结构,按照严格的程序做时做得最好。

___

___

C. 如果学生的表现达不到该年级的平均水平,有哪些其他方法可以帮助学生完成B的任务吗?例如:我们可以降低对阅读能力的期望值,关注课程计划,加强反复学习1-4年级的基本词汇。该学生通过强化和视觉帮助学习的效果最好,我们就可以直观地把行动添加到课程计划中,这样学生就可以把行动与单词联系到一起。

___

___

___

D. 学生学业上存在不足,那么处在学生系统里的老师,为了达到上面描述的目标,该怎样开始工作?例如:当他们布置课程作业时,他们应该把作业调整到合适的水平,或增加视觉刺激来帮助他集中注意力,使作业变得更有意义,并每周增加一次额外的作业来推动他。

___

___

___

练习活动

另类的智慧

阅读下面的故事摘要,注意每个男孩是怎么运用不同的方法来摆脱相同的困境的。

> 有两个男孩走在森林里。他们有很大的不同。
>
> 第一个男孩的老师认为他很聪明,他的父母也认为他很聪明,所以,他自己也相信自己是聪明的。他的成绩很优秀,良好的学业表现让他在学校生活中如鱼得水。
>
> 相较而言,几乎没有人会认为第二个男孩是聪明的。他的考试分数从没有及格过,成绩等级也不怎样。基本上而言,他的表现马马虎虎。人们最多会说他是机灵的或世故的。
>
> 当这两个男孩走在森林里,他们遇到了一个问题——有一只巨大的,看起来很凶悍的、暴怒的灰熊径直地向他们走来。第一个男孩,计算出灰熊将在17.3秒后追上他们,他感到十分恐慌。这时,他看向第二个男孩,第二个男孩正冷静地脱掉他的登山靴,换上慢跑鞋。
>
> 第一个男孩对第二个男孩说:"你一定疯了。我们不可能跑得过灰熊!"
>
> 第二个男孩回答说:"是的,但是我只需要跑得比你快!"

这个故事里的两个男孩都很聪明,却体现在不同的方面。第一个男孩迅速分析了问题,但是,他的智慧只能带他走这么远。第二个男孩找到了问题所在,他还找出了一个有创意和有实际效用的解决方法。他表现出了另类的智慧

(Sternberg,1997,40—41)。

问题讨论

现在有多少学生是和上文中的第二个男孩类似的？当你注意到他的"另类智慧"时，这对你和他们会有什么不同？这会怎么影响你的教学方法，以及与他们之间的联系？想象一下，这会如何影响学生看待自己？

*给你的"第二个男孩"写一张便条，向他描述一件事，而这件事表现了他独特的另类智慧。同时，也请他把这张便条交给他的父母。

第六章

换个角度看待被诊断的学生

> 生活中不存在畏惧，只有尚待了解。
>
> ——居里夫人

就在三周前,她还是那个认真完成功课、在课堂上举手发言、喜欢和其他五年级同学聊天的女孩。一个月前她还参加了接力赛。春天的时候,她还和同学在公园里举办募捐活动。她的成绩永远是"优",德育方面特别突出。为什么莉齐突然间开始不完成她的功课、上课回头说话、早晨打盹、下午烦躁?她这是目中无人吗?是不是家里发生了什么事?她是抑郁了吗?

一个月前,他还坐在英语预修课程班里,写出了优秀的诗歌和散文。他被选为"最有可能成功的人";走廊里,他的女朋友总是陪在他的身边;他总是微笑,并用他特有的友好方式待人。最近几周,他却对上课失去了兴趣,似乎也不愿意完成功课,如果功课完不成,他的平均分将会降低10分。他还经常旷课。他是患了"高中高年级综合征"吗?是周末的工作让他分心了吗?是他的女朋友占用了他太多的时间,还是他抑郁了?

这个幼儿园学生从学校生活一开始便听你的建议、遵守你的规则。她和她的同学一起玩耍,并且乐于分享。她喜欢涂鸦和听故事。当她开始攻击其他孩子,并拒绝安静地坐着时,你很震惊。你试图安抚她,但是她推开你并大哭。在一次会面中,她的妈妈告诉你:她和女孩的爸爸分开一个月后,女孩在家里越来越难以管教。这个孩子是太在意父母离婚吗?她是在生气吗?小朋友会不会抑郁?

◉ 了解诊断背后的事实

当儿童或青少年的行为发生巨大改变时,家长会非常担心和害怕,他们从家庭医生或者学校辅导老师那儿打听专业人士的看法,希望能够帮助他们了解导致孩子行为和反应完全不同的原因。专业人士在对症状和行为改变进行评估后,通常会下一个诊断来解释行为的改变。家长通过这些信息来理解孩子。通常最后他们的孩子会被迫服用药物来控制症状,希冀以此恢复他们原有的生活。

有时候,当孩子重回学校时,辅导老师会与家长会面,了解学生的相关诊断。遗憾的是,事情常常就此终止。一些家长出于隐私考虑不会将孩子的情况如实告诉老师,这当然是可以理解的。但是,如果要告诉老师或辅导员他们班上某个孩子经专业人士诊断患有某种疾病,那么让老师们了解一些相关的康复知识会有好处。对焦点解决教师也是如此,他们可以帮助家长识别例外。例如,告诉六年级一个患有抑郁症孩子的家长,周四时他们的孩子似乎高兴起来了,并且注意力更集中了,这将会给家长带来希望。如果老师能够懂得一些关于学生诊断的简单知识,学生在校期间将可以得到更好的支持,老师可以使用焦点解决的态度来帮助学生克服症状。

● 诊断只是另一种语言

第六章将提供关于儿童和青少年常见诊断的依据,但是老师不能说学生有愤怒问题、饮食失调、药物或酒精依赖、多动症或抑郁症。老师能给家长的建议是儿童或者青少年似乎"脱轨"或者"最近表现得不像他自己"。然后,老师可以建议家长与学校辅导员交流,获得进一步寻求帮助的信息。

除此之外,本章会简要回顾在特殊教育会议或者家长会上进行讨论的不同类型的学习障碍,以便帮助老师更好地理解相关人员的"语言"。请时刻牢记,本章所提供的信息仅仅是另一种解释学生在学习上的行为和个体差异的方式。这些信息是重要和真实的,但是焦点解决老师不会让这些描述限制她对学生的期望；她仅仅是把这些信息放在心里，便于寻找例外。因为行为和症状不是一直出现，重要的是学习焦点解决取向的理念，便于你能更容易识别出无症状期。从学习障碍的这些材料里，老师可以收集方法，在普通班级里就可以帮助学生提升学习能力。请把本章提供的信息作为一个工具来使用，但永远不要忘了焦点解决教师有许多工具可以选择，而且他们通常会选择有效的工具。

重度抑郁症 —— 了解这种悲伤

当不好的事情发生时，人们会悲伤。悲伤的情绪是正常的。当创伤事件发生后，例如死亡、失业、离婚或者生病，悲伤有时候会占据人的生活，并持续很久，这种情绪被称为抑郁。当孩子由于生活失意或者重大变故而变得悲伤时，有时候，他们会切断与外界的互动或者过度活跃，这与他们平常的行为不一致。当青少年由于某种情况而悲伤时，他们常常做一些有风险的事，企图从中得到解脱，如物质滥用、过激行为，甚至考虑自杀。换言之，无论年龄多大，抑郁症都会以一种不友好的方式来影响他们的生活，改变他们的生活。

重度抑郁症的诊断标准

下面这些症状描述了一些你可能在患有抑郁症的儿童或者青少年身上见过的行为。诊断标准是当事人连续两周内有五项（或者更多）症状，且与以前的情况有所不一致；并且至少符合以下两种情况的其中一种：（1）抑郁心境；（2）丧失兴趣或愉悦。（参考 DSM-IV,161-163）。

- 几乎每天大部分的时间情绪低落，主观体验上的（例如，感到悲伤或空虚）或由他人观察到的（例如，流泪）。注：儿童和青少年可表现为易激惹。

- 几乎每天大部分时间对所有或几乎所有活动的兴趣或者愉快感显著减低。

- 没有节食时体重明显下降,或体重明显增加,或几乎每天都有食欲减退或者增强。
- 几乎每天都有失眠或者睡眠过多。
- 几乎每天都有躁动或者迟滞(不仅主观感到坐立不安或者迟滞,而且别人也能观察到)。
- 几乎每天都感到疲倦或者缺乏精力。
- 几乎每天都感到自己无用,或者有过分的或不恰当的内疚。
- 几乎每天都有思维能力或注意力减退,或者犹豫不决。
- 反复出现死的想法(不只是对死亡的恐惧),反复出现自杀的念头但无特定的计划,或有自杀未遂,或有特定的自杀计划。

给老师的建议

留意学生不那么抑郁的时刻,注意哪些社会情境、活动或者任务他更愿意去参加。尽可能重复相似的任务。没有必要说任何关于学生看起来或表现得更好了这类话,这只能让人注意到问题存在或者存在过这样的事实。其实只需简单地表扬任务本身即可,如"你怎么能这么轻易地就完成了?你真是太棒了!"贯穿全书的都是这样的提问。不能仅因为抑郁症困扰着学生就意味着要采用不同的策略。让学生把她自己看作正常的比看作"抑郁的"要有用得多。如果你听到儿童或者青少年谈论自杀,一定要认真对待这个学生。和他简要地讨论你所听到的,并问他是否已有计划。这对于青少年非常重要,因为他们没有远见。如果学生描述了一个计划,温和地向他建议你和他待会儿一起去和咨询师交谈。如果学生说她没有计划,只是感觉到厌倦了生活,那么告诉学生也许找个人陪她聊一聊会让她感觉好一些,并告诉她你会向学校咨询师提到聊天会对她有帮助这件事。

对立违抗性障碍 —— 孩子太大胆

问一个儿童或青少年专家,他会给一个行为出轨、回头说小话、违抗且挑衅的少年下什么诊断,那么将会是对立违抗性障碍。然而,通常展现这些特质的孩子不会对抗所有人。常常会有一个老师、教练或食堂员工和他相处愉快。这些人和他互动的方式将提示我们怎么帮助患有这种障碍的孩子。当一个人感觉到无能为力时,他会变得目中无人和充满对抗,这样当他表现出肆无忌惮时,人们就会听他的。遗憾的是,他们没有得到正确的关注,他得到的是错误的关注,且错误的关注会随着时间而翻倍,因为后果是严肃且具有惩罚性的,这将进入恶性循环。患有对立违抗性障碍的经常是儿童,他们会感到被家人抛弃,认为家人不爱或不接受和疏远他们。这些青少年的家长不会倾听孩子,只全神贯注在自己的生活中。在我写教养策略时,我访问了 15 名青少年,问他们父母做了些什么事让他们成了一个快乐、健康且奉公守法的公民。他们的回答集中在他们的家人一直在做的一些事情上,如下所示:

- 总是参与我的体育活动。
- 庆祝我的每一次成功。
- 总是"在那儿"为我守候,这让我也为他们守候。
- 一起吃晚饭。
- 必要的时候会限制我,但很快,我就又可以按照自己的想法来做。
- 尊重我的隐私。
- 不像我朋友的父母那样,不会让我感到内疚。
- 相信我,并告诉我去做我认为对的事。
- 告诉我坚持不懈就有结果。
- 先立规矩,然后像成人一样对待我。
- 做那些他们告诉我能做的。

- 总是想要了解我在哪。

在我的咨询生涯里,我没有碰到过来自上述家庭的青少年出现对立违抗性障碍。

对立违抗性障碍的诊断标准

下述症状也许会出现在被诊断为对立违抗性障碍的儿童或青少年身上。消极抵抗的、敌对的和反抗的行为模式至少要持续 6 个月,诊断需要符合下列条目中至少 4 条(参考 DSM-IV, p.68)。

- 经常发脾气。
- 常与大人争吵。
- 常拒绝服从大人的要求或违反规则。
- 常故意烦扰他人。
- 常因自己的错误或不正当行为责备旁人。
- 常过于敏感或易被旁人烦扰。
- 常生气或怀恨在心。

注意:只有当个体的行为出现频率比其所处年龄和发展水平应出现的更高时,才考虑诊断。

给老师的建议

留意学生什么时候是顺从和合作的 —— 即使是很小的事情。人不是生下来就爱挑衅的;当他们在生活中想满足自己的需求却感到无能为力时,他们就会形成这种模式。他们没能体验到前文中所提到的与家人有关的内容。请满足他们的需求!作为教师的我们也是另一位家长。透过粗鲁的行为举止来看待这位对抗学生背后所隐藏的,你会看到这是一个需求没有得到满足的孩子。即使是再小的事,当你表达接受的立场时,对抗将会消融。如果你表明了反对的意见,那么你给予这个学生的就是他在其他生活体系里一直所经历的体验。我曾经接待过一个被描述为对抗和挑衅的男孩。每个人都只看到他粗野的行为,只有一个护士说他总是和新来的病人打招呼、亲切地握手。正是由于这个认可,同事们想到一个主意,坚持让这名学生介绍他人认识学校,并请他主持一些活动。后来,他们注意到他的对抗行为大大减少了。

注意力障碍综合征 —— 重新疏导能量

有一个明智的精神病学家曾经告诉我,儿童或者青少年从不应该因为好动而吃药;注意力缺陷才应该吃药。这个诊断似乎解释了为什么许多小学生不能安静地坐着直到任务完成或者阅读一段文字并理解内容。评估儿童或青少年为注意力障碍综合征应该包括家中、户外活

动和学校等几个方面。如果学生在学校里功能良好,而回家后表现为"多动",最大的可能是他并没有受到注意力障碍综合征的困扰。但是,如果一个二年级的学生由于分心而不能完成作业,不能记住篮球教练告诉他的动作要领,在家里不断地从一个活动跳到另一个活动,那么就得考虑是否是注意力障碍综合征了。事实上,许多儿童和少年并不需要服药,与有组织性和耐心的老师待在一起时他的表现就会很好,这些老师能意识到问题的本质、与学生的需求一起合作,并持续地进行监督。如果家长决定让孩子吃药,老师要留意孩子的改变,以便家长能清楚药物带来的益处。当你表扬学生时,应提及你非常高兴地看到他能量充沛的美好一面,或者他控制能量的能力。

注意力障碍/多动综合征的诊断标准

1. 注意力不良（注意力障碍综合征，[ADD]）

下列注意力不良症状中，必须有 6 种或更多症状在过去 6 个月内持续出现，达到难以适应的程度，并与发育水平不一致（参考 DSM-IV, 63-64）。

- 常无法专注于细节，或在做功课、学习及进行其他活动时，常因为粗心大意而犯错。
- 常无法长时间专注于所做的任务或游戏。
- 别人对他说话时，似乎常常不专心听。
- 常不能完成指令，并且不能完成功课、家务或工作职责（不是出于叛逆行为或理解力不足的缘故）。
- 常在组织任务和活动时有困难。
- 常逃避、厌恶，或心不甘情不愿地执行需要持续花费精力的任务（如课堂作业或家庭作业）。
- 常丢失完成任务或活动所需的工具（如玩具、作业本、笔、书）。
- 常因为外在事物分心。
- 日常生活中健忘。

2. 多动症（注意力缺陷多动障碍综合征，[ADHD]）

下列多动—冲动症状中，必须有 6 种或 6 种以上症状在过去 6 个月内持续出现，达到难以适应的程度，并与发育水平不一致（参考 DSM-IV, 64）。

- 手脚总是动个不停，或在椅子上滑来滑去。
- 常在班上或其他必须乖乖坐在座位上的场合，站起来。
- 常在不适当场合跑来跑去，或爬上爬下（在青少年或成人中，可能只是主观的不安感受）。
- 常无法安静地玩或从事休闲活动。
- 常处于忙碌状态，或经常像是被驱赶着去做事。

- 常常话过多。
- 常在别人尚未问完问题时,答案已脱口而出。
- 无法耐心等候排队。
- 常打断或干扰别人(例如,突然插入别人的谈话或游戏)。

给老师的建议

首先,要明白患有注意力障碍综合征或注意缺陷多动综合征的儿童或青少年确实在集中注意力上有困难。区分这两个不同的诊断:注意力障碍综合征和注意缺陷多动综合征。两者不能同时存在。一个三年级的女孩,在你布置了一项社会研究实践时像在做白日梦一样,她需要你的督促和提醒才能完成任务。她也许会一动不动地坐在座位上,但是她的心思已经飘走了。请相信,即使她患有注意力障碍综合征,她也许还是非常聪明能干的。认识到她也许需要一个她选择的安静的地方参加测试。如果她服药,你可以看到她的注意广度会好一些,注意力也能更有效集中了。

有个一年级的男孩总是不断地挪动,就好像他被"紧紧绑住了"。他需要你的关注和班规来帮助他规范行为,控制他自己,但即使是这样,他也有可能会忘记。不管怎样,你的理解和耐心终究会取得效果。告诉这名好动的小学生,他能够控制这种困扰他的能量五分钟。当他能坐五分钟的时候表扬他,并问他是怎么做到比"能量"更强大的。服药后,你也许会发现他能更长时间地听从你的指令,更容易待在自己的位子上,在作反应前能够思考了。

患有注意力障碍综合征的中学生表现为不能快速、完整地完成作业。他的理解力可能有所欠缺,任何你能够提供的帮助,比如提醒"阅读前两段内容后再开始",都能指导他集中注意,并减轻他不知所措的感受。阅读短文时,可以帮助他寻找关键词;做数学题时,告诉他要从最上面开始做,不需担心后面的计算题。同时,耐心是很重要的。对于青少年来说,如果作业太难了不会写,并且同学比他早完成作业,那么他会感到羞愧。我们需要给他更多的时间来完成作业。可以让他放学后来找你,或者去指导教室,以便你能检查他的作业或帮助他解决难题。他需要你的指导,才能坚持到底。给他一些时间,一直陪伴在他身边,不断地提醒他。很快,这就将会变成他的一个习惯,他也会感激你。用结构性的语言以及善良真诚,让那些因为精力导致生活一团糟的少年信赖你(参考DSM-IV,63-64)。

品行障碍和反社会人格障碍 —— 孩子们挑战社会规则

过去几年,密西西比州、阿肯色州、肯塔基州、俄勒冈州和弗吉尼亚州都发生了儿童和青少年在学校遭到杀害的案件。"为什么?"这个问题一直伴随着家长的责骂声和学校董事会的讨论,也承载了我们的震惊和悲伤。学生因为想挑战他的小世界或解决问题而杀人,这似乎令人难以置信。我们要开始留意那些爱惹事的儿童和青少年,不能让他们在学校受到忽视。过去那种寄希望于放任教养、使孩子自己改变的日子已经一去不复返了。可能对某些其他人而言也许已经太晚,但是对于你班上那些活着的孩子来说,永远都不会晚。

这里描述了两种教育者关心的障碍。第一种是品行障碍,描述的主要是青春期前的儿童。第二种是反社会人格障碍,描述的是18岁及以上的成人。

品行障碍的诊断标准

侵犯他人基本权利或违犯与年龄相称的主要社会准则,持久反复发生的不良行为,在过去12月内,符合下列标准3个及以上,其中至少1项发生在6个月之内（参考 DSM-IV,66-67）。

- 青春期前的孩子。
- 常威胁、恐吓他人。
- 常斗殴。
- 曾使用能导致他人严重躯体损伤的武器（例如短棍、砖块、破瓶子、刀、枪）。
- 曾虐待他人。
- 曾虐待动物。
- 曾经直面受害者进行偷盗（例如背后袭击并抢劫、抢钱包、勒索、持械抢劫）。
- 曾胁迫对方进行性行为。
- 故意纵火企图造成严重损失。
- 故意破坏他人财物（除纵火外）。
- 破门进入他人的房屋、建筑物或汽车。
- 常说谎以取得好处、得到喜欢的东西，或逃避责任。
- 曾偷窃值钱物品（例如，在商店里顺手牵羊，而不是破门而入的偷窃；伪造赝品）。
- 常夜不归宿，即使父母禁止也是如此,始自 13 岁以前。
- 住在父母或监护人家里时，曾至少有 2 次晚上离家出走（或 1 次长期离家不归）。
- 常逃学,始自 13 岁以前。
- 行为错乱严重损害了社会、学校或职业功能。

给老师的建议

如果你班里有上述症状的学生，不要急于下诊断，密切注意他们，并尝试和他们建立联结,对待他们的方式要与过去习惯的方式不同。对质或强调行为后果对这样的人群很少有用。惩罚并伴以谈话,特别是焦点解决取向的充满希望的谈话效果最好。曾经有个来访者叫肯恩,他是一个14岁的男孩,除了不虐待小动物这条,他有上述所有症状。他的父母离婚了。当他行为出现问题时,他妈妈总是把他送到爸爸那去生活。肯恩的生活就像一个钟摆,从一个家长那摆动到另一个那儿。当他妈妈带他来咨询时,她大大咧咧地说已经受够他了,想把他转介到一家长期住院治疗的医院。我要求肯恩的母亲让我和肯恩单独谈几分钟。

梅特卡夫: 你妈妈已经告诉了我一些关于你的事,但我很好奇你想说什么。

肯　恩: 你想知道什么,知道我到底有多坏?

梅特卡夫: 人们是这么看你的?

肯　恩: 是的。

梅特卡夫: 你做了些什么,让他们觉得你是坏人?

肯　恩: 就是我做的那些事。我晚上离家出走、吸毒、卖毒品,你从她那听到的关于我的事都是真的。我的爸爸,是个混蛋。我在他那里的时候得住在他房子后面的仓库里,有时候我在里面抽烟,那确实能惹到他,但我不在乎。他们也都不在乎我。

梅特卡夫: 你希望你爸爸和妈妈看到的你是什么样的?

肯　恩: 我很棒。(他开始啜泣)

梅特卡夫: 好的。告诉我当爸爸和妈妈注意到的时候,那个优秀的肯恩会做些什么。

肯　恩: 我曾经是个优秀的学生。现在我得去暑期班。过去,如果我想通过考试我就可以通过,我喜欢和妈妈一起待在屋子里,尽管我的弟弟恨我,他还让我的祖父母也讨厌我。

肯恩向我描述了许多青少年希望从家庭里得到而没有得到的东西。他们不仅没有经验,还没有得到任何支持系统的帮助,然后,他们发疯的行为就被用品行障碍来解释。我和肯恩进行了深入交谈,还和他的爸爸和妈妈进行会面,并让肯恩向他们展示一周"好的肯恩"。我告诉他做一切能够表现出你不一样了的事情。我要求妈妈暂缓她的计划,并停止她的惩罚策略,就一周,观察肯恩有哪些进步。妈妈和肯恩下一周来时,妈妈说肯恩已经完全转变了。这种改变持续了三个月,直到肯恩回到学校。在第七章中,我将详细叙述肯恩在秋季回到学校后发生了些什么。

人格障碍的其他信息

人格障碍表现为持续的明显偏离个体所处文化的行为方式。他们感知和理解自己、他人及事情的方式是不一样的,导致他们的行为对他人来说很古怪、无礼。他们对生活中的人和事的感知和理解、对他人的情感应答、他们的人际关系和冲动性都缺少灵活性,这些体现在他们生活的方方面面。由于这种广泛性,他们在社会生活、职业和人际关系方面存在困难。

反社会人格障碍

发生在15岁以后,普遍存在对他人权利的忽视及侵犯,至少有以下3项(或以上)表现。

- 不遵守法律以及社会规范,表现为反复出现、足以导致被逮捕的行为。
- 欺诈,表现为反复说谎、用假名、为自己的利益或者快乐而欺骗他人。
- 冲动,事先无计划。
- 易怒、具有侵犯性,表现为反复出现的斗殴或者富于攻击性。
- 做事不计后果,无视自己或者他人的安全。
- 一贯地不负责任,表现为反复出现的不能坚持工作或者无视经济责任。

- 缺乏愧疚感,表现为伤害、虐待或者是偷盗他人之后,觉得心安理得或是无所谓。

给老师的建议

清楚了解上述描述的症状对于学生的安全是很重要的。在你的学校里也许有儿童和青少年患有这两种疾病。如果你有学生存在几项严重的症状,那么就需要告知学校咨询师或者副校长,要求他们和学生的家长见面交谈。不要指控 —— 只要简单地说明你的担心。如果没人关心,就复印这些材料,重新去找学校的行政人员,用材料说明你的担心。无论何时,当你碰到同事,表明你的担忧,你可以尝试各种策略来帮助这些学生找到更合适的发泄方式。把这些学生看作是在对这个世界愤怒,而不仅仅是对学校。不要为了证实你的观点和他们对质、威胁他们或惩罚他们,这会成为他们愤怒的一部分。他们不会像其他同学那样回应。要明白反社会人格障碍的症状很难被治愈。保持谨慎和冷静。留意学生不那么挑衅的时刻,以及这些行为发生的情境。当那个时间点出现时,尝试表扬和评论过程,尽可能地重复这样的作业或活动。这类学生与社区指导老师或教练类型的指导老师相处良好,这些老师们用积极的态度对学生产生了影响,形成了权威。

● 分离焦虑和学校恐惧症 —— 有时候只是难以离开

我曾经和一个一年级老师探讨过这样一件事:有一个妈妈,送女儿上学,女孩总是不愿意下车,而妈妈也总是不舍地把女儿送到学校。当女儿走到教室门口,一边往里走,一边会眼泪汪汪地回头看。老师总是向她妈妈保证,她的女儿在五分钟后就会恢复正常。在谈话过程中我突然想到,会不会是女儿需要妈妈做些什么呢?尽管妈妈做了一些事,却是不情愿的。我建议老师给这个妈妈打个电话,让她告诉女儿妈妈很喜欢每天陪她一起走到教室,她会一直陪着她直到她觉得不需要了。于是,在她们这么做了几周以后,某天早晨,小姑娘告诉她妈妈,她可以自己一个人走到教室。

有时候,我们需要配合学生的需要。依赖表明儿童需要关注和安全感。我们越把他们往外推,他们的需求就越强烈。当你阅读分离焦虑和学校恐惧症的症状时,请注意"向一个孩子坚决地保证"是多么简单,告诉她"父母会在_____分钟、小时、今天下午回来接她"等等。或者你走到窗户前,用手指着待会儿父母将会出现的方向。

对于学校恐惧症,注意少年什么时候来学校和什么时候会参加什么活动,这一点非常重要。避免说"乔伊,很高兴今天你能来",可以说,"乔伊,很高兴你今天在这儿。让我们来看一下你错过了些什么事情。你可以慢慢完成它们,我也会帮助你"。青少年常常由于担心父母的问题而不想上学。尽管你对解决家庭问题可以做的事情很少,但是如果她愿意说,那就倾听。不要给建议,只需说:"尽管有这些问题,但你还是来学校了,能暂时摆脱问题,这很棒。"如果有可能,问清楚你和其他老师可以做些什么,使得她更愿意留在学校。

分离焦虑和学校恐惧症的诊断标准

分离焦虑至少持续四周,发生在18岁以前。个体在离开家或者依恋对象时,表现出与其发育水平不相称的、过度的焦虑,表现出以下3项及以上症状(参考DSM-IV,75-76)。

- 当离开或者预期要离开家或者重要的依恋对象时,反复出现过度的焦虑。

- 持续和过度地担心失去重要依恋对象，或者担心重要依恋对象会受伤害。
- 持续和过度地担心发生不幸的事件（例如，走失或者被绑架），导致和重要的依恋对象分离。
- 出于对分离的恐惧，持续地不情愿或者拒绝去学校或其他地方。
- 持续和过度的害怕、不愿意处于以下情景：独自一人，或没有和重要依恋对象一起在家，或在其他场景中缺少重要依恋对象的陪伴。
- 持续地不愿意或拒绝没有重要依恋对象在身边的情况下或者在家以外的地方睡觉。
- 反复做分离为主题的噩梦。
- 在和重要依恋对象分离或者预期分离的时候，反复出现躯体症状（譬如头痛、胃痛、恶心或者呕吐）。

给老师的建议

回想一下，当你想念某个人的时候，你是怎样弥补他们的缺席的？许多人会回忆想念、看看照片，或只是一味地伤感。我们思念某个人，当他们给我们打电话或写信时，世界似乎再次完整了。

当儿童，特别是小学生，难以割断他们对父母的依恋时，了解到这种依恋的存在，并想方法让他们感到舒服是很有用的。如前面案例所述，家长走进学校，来到教室门前，挥手告别，这些是儿童所需要的。在一些少数情况下，当父母离开时，学生仍会泪眼汪汪。这时候可以让父母留下某个东西，给孩子保管直到再次见到父母为止。比如，给孩子一个时钟，并演示指针是怎么运转到下午，那时候他就可以见到爸爸妈妈了。理解孩子的困难，多花一点时间陪伴孩子，这会让孩子们更加配合你。告诉学生，"我会一直陪在你身边直到放学"，这会使学生感到受支持。

除此之外,你可以邀请父母想一想,孩子以前适应新环境是个什么情况,这对父母而言会相当有帮助。让他们告诉你,当他们做了些什么时,孩子似乎会得到安慰。然后,你在教室中使用这些策略。我曾经碰到一个二年级的孩子,他非常想念他的爸爸。他的父母离婚了。爸爸搬到几英里外的地方,妈妈每天送他上学。他的妈妈告诉老师,孩子在家的时候是非常开心的,因为他可以随时打电话给爸爸,他的爸爸也总是很乐意接到他的电话。老师非常敏锐地捕捉到了这种情况,告诉这个孩子可以在每天课间给爸爸打个电话,爸爸也很愉快地同意了。孩子接连三天打电话给爸爸,不过到后来就只是偶尔打一次。当他知道自己随时可以给爸爸打电话后,他想和爸爸说话的需求程度就降低了。不要把分离焦虑当作一个问题,而应当作是有想和某人亲密的需求。

◉ 帮助受虐待的学生慢慢走出阴霾

孩子在成长过程中,他从他的家庭寻求支持、爱和勇气。正常的情况下,这样一个支持系统会培养出一个自信、进取和热情的人,他已经准备迎接新生活的考验。但如果这些需求没有被满足,又会发生什么事呢?孩子会转而向外界寻求帮助,以努力满足自己的需求。

> 虐待儿童是一个非常严重的问题。1985年,美国报告了1900万儿童受到各种虐待(美国人道协会引用美国人口普查局的数据)。最近针对全国性人口的一项调查显示,过去一年里,几乎有11%的儿童曾被父母踢、打、拳头打、殴打、用物体打,或被父母用刀或枪威胁(Wolfner&Gelles,1993)。1991年,另一项全国性调查发现,一年有超过40万美国儿童被父亲、继父、哥哥或其他男性亲戚或朋友(Trickett & Putnman,1993)强迫进行口交、肛交或性交(Finkelhor&Dziuba-Leatherman,1994),这不是一幅

> 好的画面,不是吗？（Shaffer,1996,631）

当家长常常带着他们的孩子来谈受虐创伤时,他们都告诉孩子必须重述他们的故事,这样会感觉好一些。在见过许多性虐待和躯体虐待的受虐者（这里也包括了言语虐待）后,我发现重复诉说事情的经过会导致更多的无力感,更多地责怪虐待他的人,并怨恨那些没有把他们从虐待中解救出来的人。相反,帮助个体将对自己的认知从受害者转变为幸存者会很有帮助。我发现儿童和青少年进行一些练习是很有帮助的,例如引导学生把他们自己看作是"逃离了虐待",走向了自由。这里有一些提问也许会帮助学生用新的角度来描述自己,或摆脱"虐待"这个标签（Metcalf,1997,186）。

和你学校的咨询师或行政人员商量一下,你是不是可以在家长不在场的情况下,与处于这种状况下的学生交谈。对学生的名字要保密,除非你需要向儿童保护机构报告当前的虐待情况。

从"事件"中清理出一条自由之路

1. 谈谈你对学生印象深刻的地方,尽管发生了"这样的事",但是他仍能继续生活、参加活动,没有让虐待毁了他的生活。问题：

> "你是怎么做到的？"

2. 画一条线,例如下面这一条。一端是"出生",另一端是"80岁"。用"×"标记虐待发生的大概时间：

出生＿＿＿＿×＿＿＿＿＿＿＿＿＿＿＿＿＿＿＿＿＿＿＿＿＿＿＿＿＿80岁

然后说：

"我准备画一条线。在线的一端我准备写上你的出生日期。告诉我,你的上一辈亲人大概活了多久?(或许是 80 岁吧)现在,请告诉我'这件事'停止时,你几岁? 我准备把这个点标记出来。我们应该把困扰你的'这件事'称作什么呢?"

建议:一个陷阱,一朵乌云,一所监狱。请把名称放在"×"的上面。从此以后,"×"指的就是这个名字。

"此刻我希望你做的就是,暂时和我一起在脑海里想象当你脱离'_____'(名字)时的情形。当你这么做的时候,我希望你能看到,你还有(60-70)年的时间不会再经历_____ 。事实上,你已经远离了……(大体指出虐待停止时距今的时间)。"

"当你想象你正走出_____,这会让你感到被解放吗? 你会越走越远,绝不再往回走,那么你未来会要做些什么呢? 其他人将会看到你正在做什么?"

3. 通过提问和学生一起设定目标:

"下周,如果我来看你,当我看到你在做什么时,即使只是一点点,会让我们知道你真的已经走出了_____?"

这些提问帮助儿童或青少年在视觉上呈现"这件事",并驶向新生活,而不至于受到这件事过多的影响。在使用这些提问和学生交谈后,留意他或她什么时候能够从这件事中"逃跑",并回到日常生活中。可以给你的学生写一张卡片或信,如下示例:

亲爱的苏珊：

　　昨天，我看到你和斯蒂芬妮在一起玩耍，你看起来非常开心。显然，你比"这件事"（名字）强得多。它已经无处可寻了！我很高兴，也很受感动。我很希望你能与我分享你是如何变得这么强壮的！

梅特卡夫

◉ 经历失去挚爱的学生

和我们一样，当学生经历重要的人死亡时，他们也会经历一个自然的悲伤过程。有多少次，人们觉得"够了够了，你必须往前看"。当然，"继续过自己的生活"和"向前走"像这样的说法是符合实际的，但是，如果能够照顾到正在经历的悲伤情绪，帮助儿童或青少年一起回忆他所爱之人，这会是有帮助的。在以下提问中，老师可以坐在学生的身边，共同回忆逝去之人的优点，以及他们对学生的积极影响。在谈话后的当天下午或第二天，学生可以和老师达成一个生活小约定，仿佛他所爱的人正在注视着他过着渐渐开心起来的生活。

通过回忆重获幸福（White，1988，p30）

1. "我知道你有多么想念＿＿＿＿＿＿。我也很想念他。我记得许多关于他的精彩事情。如果你从＿＿＿＿＿＿的视角看一分钟，你从中会看到自己有什么值得欣赏的地方？"

2. "如果你现在就开始欣赏你自己的这一点，你觉得可能会发生什么？"

3. "＿＿＿＿＿＿知道你喜欢做的事，当你再次展现这些事情时，你会想起或回忆起什么？你还记得他喜欢看到你做什么吗？"

4. "如果你与这个'影响'（或美好的记忆）生活一天,你想象他正高兴地看着你……我可能会看到你在做什么？"

5. "当你开始再次做这些事的时候,将会有什么不同？"

6. "当你再次'继续'那些_____喜欢看着你做的事时,你觉得其他人会看到些什么？"

7. "在 1-10 分的量表里,10 分代表'你感到最高兴',1 分代表'你感到难过',今天在我们谈话前你是几分？你现在是几分？"（对于幼儿,可以表示为：他手臂完全张开代表 10 分,手臂完全闭合为 1 分）"我们谈论了些什么,会让你觉得有帮助？"

在老师和学生结束谈话后,老师可以问学生,他现在处于几分的位置。如果学生稍微后退,可以问他,比如,两天以前他是怎么做到让自己前进的？老师需要加入自己的观察。当他看到学生变得开心一些时,学生正在做什么——不论何时,你看到他参加活动,而这也正是他所爱之人欣赏的活动时,说出你对他的发现。

● 学习障碍的学生

下面这些人有什么共同点？

托马斯·爱迪生

列奥纳多·达·芬奇

艾伯特·爱因斯坦

温斯顿·丘吉尔

伍德罗·威尔逊

汉斯·克里斯蒂安·安徒生

乔治·萧伯纳

雪儿

汤姆·克鲁斯

亨利·温克勒

上面的每一个人都有学习障碍，不过，他们关注自己的才能而不是"障碍"，最终他们成功发现了属于自己的擅长领域。听起来他们都是焦点解决取向的，不是吗？

在学习障碍中寻找"才能"

每个班级都有一些学习困难的儿童。"几年前有研究表明，师生关系是衡量学生在学校能否成功的最重要标准。现在，由于家长陪孩子的时间越来越少，所以亲子关系的量和品质变得至关重要……当家长丧失功能或只能顾及自己，或太忙，或太有压力而无法给予孩子帮助时，孩子将来成功的希望就更加渺茫了。"（Harwell, 1995, 13）

正如第五章中所讨论的，老师最大的挑战在于理解和教导所有学生，让他们能够胜任学校的重点科目。为了尽可能完成这一任务，焦点解决老师关注那些被称为"学习障碍"的儿童和青少年的才能，并倚仗这些才能将障碍转变为能力。"学习障碍被看作'无形的'障碍。受害者看起来没什么不同；他们拥有略低于平均水平、平均水平或高于平均水平的智力；他们的听力和视力是正常的。然而，他们有着常人不曾体验过的困难"（Harwell, 1995, 289）。焦点解决老师了解学习障碍，但不会因此而减少她对学生的期待。事实上，她期待得更多。她期待学生能够收获更多。"有研究明确提出，大多数学习障碍学生的家长相对于没有障碍的学生家长对他们孩子的学习期待更少了"（Chapman & Boersma, 1979）。焦点解决老师会充满智慧地使用他的时间，他会为整个课程制定计划，在他教学计划中增加额外的干预，为需要更多帮助的学生讲解内容。焦点解决老师不把这些计划当作额外工作，他把这个当作陈述他计划的方式。

结合不同的方式进行授课,以增强他的教学能力——这样,每个人都能受益。

下面的内容来自于"评估特殊学习障碍的知识和材料"(Harwell,1995,p289)。这个清单包括不同种类的学习障碍的常见诊断,可在团队和干预会议上进行讨论。在每个类别后面均列举出了焦点解决老师提供的建议,这些建议由哈韦尔提供。老师要重点关注这些方法是怎样构建期待和能力的,而不是关注学生的缺陷。当你知道班上有学生表现出学习障碍的症状时,你可以自行发展这些策略,并且与你的团队成员或学生的家长分享你的发现。

学习障碍的特点

【视觉感知障碍】

孩子的视力是正常的,但是思维错误地判断所见的东西。例如字母翻转(b/d)或排序错误(把 was 看成 saw,反之也是一样)。这样的孩子几乎都有阅读困难,也许还有拼写困难。

【视觉运动障碍】

孩子不能控制肌肉的运动。这样的孩子可能会比较笨拙,容易发生事故,且书写潦草。

焦点解决策略

当你帮助孩子克服视觉感知障碍和视觉运动障碍时,注意观察他们成功表现的时刻,并立即向他们表达出来,要详细提到他们的井然有序及对细节的关注。同时,写一张卡片,把这个情况也告诉学生家长。当他们知道学科知识时,邀请他们与同学分享他们的知识,并通过提问帮助他们描述他们所看到的,如"你还看到了什么?还有什么?"让他们知道什么时候他们是敏锐的观察者。给他们分配一些需要视觉搜寻图片的任务,然后请他们用语言描述这些图片。

1. 因为学生的思维容易在解读上有误,所以要根据他们的需求来强化正确的感知。在学生的桌子和笔记本上贴一张纸条,这张纸条提醒他们你正在教学的内容。提醒学生要常常看看纸条,如果你在班上指导其他学生,你也可以在路过他的桌子时用手指指这个象征性的符号。

2. 如果学生对于书写字形感到困难,可以让她在约一英尺的木板上画出来,且每过 25 分钟复习一遍。如果她喜欢颜色,给她一个大大的字母让她上色,然后在字母旁边涂抹上不同的颜色。这样会帮助她熟悉字母的笔画,理解字母的形状。

3. 鼓励学生在阅读时使用书签。你可以自己做一个,然后与学生分享你在阅读时书签是如何帮到你的。关注什么时候学生把书签放在了正确的地方。问她是怎么做到的。当你在她身边阅读时,即使是一种哄骗,你也要赞扬她遵从你教导的能力。哈韦尔认为一个好的书签大约可以是 6 英寸高、1 英寸宽、中间有个 1 英寸的黑线。学生可以左右移动这个书签,并把黑线放在正在阅读的单词下面。

4. 如果学生感觉自己在视觉上存在困难,推荐他接受一次视力检查。哈韦尔还提出了其他建议,包括把文章复印在蓝色、棕褐色或绿色的纸上。这样会减少纸的反射光数量。使用单一颜色的、透明的防眩塑料可以帮助学生更好地集中注意力。

5. 如果学生对从黑板上抄笔记有困难,让他坐得离黑板近一些。向学生演示应该如何看黑板上的单词,为了节省时间,可以尝试记住 2-3 个字母,例如音节。你也可以示范如何利用食指指着书本中的文字进行阅读。

6. 无论何时,只要学生的作业看起来很整洁干净,就在班级里展示出来,让她知道你有多高兴她能做到这样。问她:"你是怎么做到能放慢速度、认真仔细地做作业,几乎没有涂改的痕迹?"

【听觉障碍】

孩子也许会不理解说了什么,也不能分辨相似的声音。有这样问题的孩子在学校一定会有很多的困难,因为我们的学习很多时候需要依靠听力。

焦点解决策略

留意什么样的行为或单词可以提高学生的注意力。当你准备和她说话的时候就经常重复这些行为。要求学生告诉你一句关键的话,告知她,当她听到你说这句话时,她就应该集中注意力,比如,当你说,"是时候看着我的眼睛了",那么学生这时就应该集中注意力听你说话。除此之外,下面的一些干预策略可能也会有帮助。

1. 对于中学生,让她摘抄老师的笔记是一个十分有效的方法。研究表明,在课堂上同时调用学生的视觉、听觉和触觉,那么上课效果是最好的,因为这样照顾到了所有类型的学生。曾经和我一起工作的一个学生告诉我,当他清楚课程大纲后,他就能够做得很好。在工作坊中,我也习惯给培训者课程大纲,并在大纲上标明重点,且严格按照大纲来授课。这样的方法可以让我用不同的方式来解释同一个内容。

2. 降低语速。可以问学生,什么样的语速能够帮助他更好地理解内容;他认为自己坐在班级中的哪个位置可以听得更清楚;他认为自己可以做些什么记住你讲授的知识。或许,让他和他要好的小伙伴一起学习会有帮助,那么,给他们俩都布置任务。如果你的学生跟不上或者需要重复上课内容,可以让他给你一个信号。

3. 如果你是中学老师,把你的讲课内容录下来,让学生在家里或自习室里听录音。然后问学生:她如何记住其他课程里的内容,过去其他老师曾做了些什么来帮助她听并记住内容。

4. 学生将会感激你使用视觉教具、高亮显示词、明确定义,及强调关键词。教学生和小伙伴一起建立自己的关键词。也许当小伙伴把这些关键词说给他听的时候,他就可以写出来。这可以帮助学生听到并写出这个单词。

5. 当你在课堂里放视频的时候,给大家发一张纸条,上面印着 5 个简单的问题,在视频播放后作答。而在下次测试的时候,给那些完成全部问题的同学额外加 10 分。

【记忆障碍】

儿童很难记住所看到和听到的。这会导致语言发展不良和缺乏常识。存在这个问题的儿童不能学会零散的知识。他们需要练习才能记住事情。他们还会常常遗忘和丢东西。

焦点解决策略

1. 玩一些记忆游戏,例如"专心"。做下面的练习以激起学生兴趣。从日常新闻里挑选一则有趣的新闻。告诉学生你会读一篇小短文,要求大家认真听讲。读完这篇文章后,问五个事先准备的问题。让学生把问题答案写下来。这些问题有些有一定难度,有些相对容易些。奖励那个回答最正确的学生 1 美元。告诉同学们你会时不时做一些这样的练习,并且总是会有惊喜等着他们(Scannel, p115)。

2. 教中学生对信息标注高亮显示、列大纲或总结。把学生和同伴配对,让他们一起完成列提纲的任务。

3. 通过言语复述来帮助拼写不好的学生进行记忆。例如, satisfy 这个单词,学生的内部语言应该是这样的:"我能听到 s,我能听到 a,我能听到 t……s-a-t 拼作 sat。我看到了单词 is,我听到了 f, y 听起来像 i,但应该写 y。嗯……satis-f-y 拼作 satisfy。"这个活动可在练习不同的单词时多次进行,直到学生将其内化。大声地自言自语,这会帮助学生学习和记忆拼写。

4. 对于小学生或中学生,给他们的家长一张学习清单。在下周,只要家长发现任何可以帮助孩子学习知识的方法,就请家长联系你。

5. 向自己和学生承诺。学生能够学会,只是这一过程中可能需要老师付出极大的智慧;很多学生都能够更为有效地进行学习。帮助这些困难学生克服他们的问题,能够让你更顺利地管理班级。

【空间障碍】

儿童缺乏空间感和方向感。他(她)在熟悉的环境里也会迷路。这种障碍可能会影响儿童的书写作业(不能在横线上写,字母堆在一起,单词间没有空隙)。

焦点解决策略

1. 留意学生什么时候知道他所在的地点,观察他是怎么学习识别他周围的环境。例如,在去卫生间的路上,问学生他是怎么知道该如何走的。

2. 在学生的桌子上放一支箭,箭头指向右边。向学生展示她开始时是在左边,然后向箭头所指的方向前进。

3. 当学生难以写下她所说的话时,让她告诉你这个句子,你画出位置线,让每个单词的字母都有足够的书写空间(Harwell, p80)。例如:

The boy went for a walk.

― ― ―　― ― ― ―　― ― ― ―　― ― ― ― ―　―　― ― ― ―.

4. 如果你关注这个学生怎么组织活动,他会变得更有条理。问他,"你怎么知道数学课要拿出纸和笔?"为这个学生建立一个周任务日程表。帮他在日程表上找到每一天的任务,在他完成任务之后,在这一天打钩。

【概念障碍】

患有这种障碍的孩子无法识别对象之间的关系,在推理方面也有困难。

焦点解决策略

1. 当你在班级里播放视频时,播放一会儿就暂停,然后问学生可能会发生什么。学生进行头脑风暴活动,说出可能的情节或情境。然后继续播放视频,看谁的答案最接近视频内容。

2. 向学生展示两个对象,让学生描述两者的差异。例如:

   茶杯 / 马克杯

   鳄梨 / 鸭梨

   公文包 / 旅行袋

   摇篮 / 婴儿床的图片

   叉子 / 勺子

   当学生描述两者异同点时,问她,她是怎么知道两者之间的差异或相同点的。"是什么告诉你,这是相似或不同的?"

3. 让学生画一个或者描述一个有创意的故事,而不是把故事写出来。把这个学生与另一个学生分成一组,当他"画"的时候,小组内的另一个学生向他"说"出这个故事。

◉ 用头脑风暴法讨论新的方法

头脑风暴表可用于帮助你识别需要特殊帮助的学生,并制定方法来满足他们的需求。此外,给家长邮寄第五章中提到的"学业成功的家长观察表"。这会给你带来更多关于学生的信息,也可以让家长看到你为帮助他们的孩子所付出的努力。

总结

十一年前,我和丈夫在心理学家的办公室里了解到我们的孩子存在发展问题。咨询师告诉我们,孩子很有可能患有学习障碍。当时他才3岁,与他交流很困难,而且他的多动行为根本无法控制。我们知道了可能的最坏结果,他的未来在我们的眼前闪现。最后,我们把他送到了儿童学习中心上课,他在那待了两年。在那两年里,老师工作非常努力,教会了我们一些帮助孩子克服学习障碍的方法。

两年后,我把他送到了一所公立学校,申请一个既温柔又很严格的老师教他。我很自豪地与校长述说着他过去的经历,尽管我并没有对其他人提起过,那是因为我觉得没有必要承受他人怪异的目光。一年一年过去了,他越来越优秀,我们的信心也随之增长。偶尔,他的医生会建议他停止服用多动症药物时,多动症的症状会有反弹。最终,在12岁的时候他成功停止了服药,学会了自己掌控自己的事情。

当我写这本书的时候,他已经获得很多荣誉,下个秋天,他将会以第一的优秀成绩进入公立高中。他还会参加校军乐队。当他敲鼓时,就像一声一声敲在我的心上!

学生障碍/能力头脑风暴表

姓　名：＿＿＿＿＿＿＿＿　　　班　级：＿＿＿＿＿＿＿＿

我为学生设置的目标：＿＿＿＿＿＿＿＿＿＿＿＿＿＿＿＿＿＿＿＿＿

可能的学习障碍类型：＿＿＿＿＿＿＿＿＿＿＿＿＿＿＿＿＿＿＿＿＿

学生在校及校外的兴趣：＿＿＿＿＿＿＿＿＿＿＿＿＿＿＿＿＿＿＿＿

＿＿＿＿＿＿＿＿＿＿＿＿＿＿＿＿＿＿＿＿＿＿＿＿＿＿＿＿＿＿＿＿

＿＿＿＿＿＿＿＿＿＿＿＿＿＿＿＿＿＿＿＿＿＿＿＿＿＿＿＿＿＿＿＿

学生的优势：＿＿＿＿＿＿＿＿＿＿＿＿＿＿＿＿＿＿＿＿＿＿＿＿＿＿

＿＿＿＿＿＿＿＿＿＿＿＿＿＿＿＿＿＿＿＿＿＿＿＿＿＿＿＿＿＿＿＿

＿＿＿＿＿＿＿＿＿＿＿＿＿＿＿＿＿＿＿＿＿＿＿＿＿＿＿＿＿＿＿＿

对学生有用的社会情境：＿＿＿＿＿＿＿＿＿＿＿＿＿＿＿＿＿＿＿＿

＿＿＿＿＿＿＿＿＿＿＿＿＿＿＿＿＿＿＿＿＿＿＿＿＿＿＿＿＿＿＿＿

学生取得成功的课程、活动、情境：＿＿＿＿＿＿＿＿＿＿＿＿＿＿＿

＿＿＿＿＿＿＿＿＿＿＿＿＿＿＿＿＿＿＿＿＿＿＿＿＿＿＿＿＿＿＿＿

＿＿＿＿＿＿＿＿＿＿＿＿＿＿＿＿＿＿＿＿＿＿＿＿＿＿＿＿＿＿＿＿

刻度化：目前学生在这个学科上所具备的能力所处的位置如下：
＿＿＿＿＿＿＿＿＿＿＿＿＿＿＿＿＿＿＿＿＿＿＿＿＿＿＿＿＿＿＿＿
1　　2　　3　　4　　5　　6　　7　　8　　9　　10

第＿＿＿＿＿＿周的策略：

1.＿＿＿＿＿＿＿＿＿＿＿＿＿＿＿＿＿＿＿＿＿＿＿＿＿＿＿＿＿＿

2.＿＿＿＿＿＿＿＿＿＿＿＿＿＿＿＿＿＿＿＿＿＿＿＿＿＿＿＿＿＿

3.＿＿＿＿＿＿＿＿＿＿＿＿＿＿＿＿＿＿＿＿＿＿＿＿＿＿＿＿＿＿

练习活动

向导已在这里

是什么造就了一所优秀的学校?《时代周刊》(1998,10)曾试图找寻这个答案。其中可能的一个答案就在明尼苏达州明尼阿波利里斯市的奥尔森中学的员工身上:

> 每个周五奥尔森中学的大人——不是孩子,都会穿制服。校长莎伦·格里芬和她的员工及老师都会穿深红色的T恤衫,上面印着"奥尔森中学——梦想制造者"。(《时代周刊》,1998,p65-68)

作为老师,我们有能力用语言或行动去呵护或摧毁一个梦想。我们要相信,尽管我们的学生患有学习障碍,但他们可以实现梦想——当我们这么做的时候——我们也在向他们和他们的家长传递同样的信心。

你的同事是怎么传递信息的?
_____
_____

他们是聚焦于问题本身还是聚焦于解决之道?
_____
_____

听到他们对学生的描述会给你带来怎样的感觉?
_____
_____

尝试委婉地向你的同事提出一些新的形容词来描述一个你最近注意到的学生。留意一下氛围的改变，这种变化来得并不容易。看到差异、缺陷和问题是很容易的，但寻找解决方法则很困难。请记住，缺陷永远都不能告诉我们怎么接近梦想。只有例外才会告诉我们方法。

这周，请成为一位梦想制造者！

第七章

激发动机的训练

"生活是一门需要不断体验和理解的课。"

—— 拉尔夫·沃尔多·爱默生

汤娅最后还是完成了功课。她已经被骂了很多次,而且一再拒绝做家庭作业。副校长决定是时候让汤娅到替代学校去了,她将在那里待上两周,并参加由学校行政社会工作者组织的愤怒情绪管理班,同时她的父母也会被推荐参加亲子班。当然,这两周的学习内容和她的行为表现都会报告给她的老师们。两周之后,汤娅将重新回到学校。不过在这个聚焦问题的学校环境中,全体师生都害怕她回来,他们很享受没有汤娅、没有冲突的两周时间,但也准备看汤娅回来时是否会发生改变。如果必要的话,副校长将一直观察汤娅的每一个行动,看她是否有所改变。副校长非常希望汤娅能够成功。她在这名年轻的学生身上看到了潜力,也了解她受家庭困境所累。汤娅的父母离婚了,她的妈妈吸毒,她的哥哥在监狱,她的爸爸几乎不关心这个女儿。这位副校长尝试与汤娅做朋友,但是她太叛逆了,并且对生活充满了愤怒。当她回校时,每个人都希望汤娅已经有所改变了。

◉ 焦点解决取向的训练方法

焦点解决学校对诸如汤娅的学生会采取不同的做法。焦点解决学校的全体职工认为另一种学校环境对汤娅来说,是对自己的问题的反思时刻,然后在一种不同的氛围中重整旗鼓。当她回到校园,他们将用一种不同的态度问候她,问他们怎样才能把她留在他们的学校。汤娅的老师对惩罚她过去所犯下的错误并不感兴趣,他们感兴趣的是帮助她避免做出错误的决定并发现更好的选择。他们会等待汤娅,看她是否能做出更好的选择。而且他们理解,青少年并不总是能够学到好的方式,尤其当他们的家庭系统像汤娅家那样抛弃了他们。汤娅需要获得改变的信息,需要知道她的系统会支持她的改变。当汤娅在周一返回学校时,全体教职工将开始创造这样一种改变。

● 动员会议

汤娅需要在一种不同的环境中学习从不同的角度看待自己。在她返校前,行政管理人员和教师团队将会就"汤娅回归正常学校上课"这一议题召开主题会议,详细讨论由特殊学校老师提交的报告。这些老师主要是观察学生的能力,并塑造他们,发现学生的兴趣所在。事实上,转校给了汤娅休息及重新开始的机会。学校教职工都认为与汤娅建立良好关系,将有利于她回来后帮助她控制行为和形成更好的学习技巧。即使在这之前他们已经尝试建立关系,但他们知道,当学生在特殊学校短暂休息、体验到某种成功后,那么他们接下来的体验也会有所不同。学校老师知道,如果汤娅的支持系统试图改善她的名声,那么汤娅也会相信她应该有一个新的开始。

在校内休学项目中,专搞破坏的学生的行为会得到改善,学习会变得更好,对此,教师和行政管理人员感到颇为惊讶。他们把这些看到和可利用的信息视为例外。并且,他们开始利用这些现象,当学生结束项目后,他们会努力让这种例外再次发生。他们会倾听学生对此的看法,详细询问学生他们可以做些什么帮助他回归原先的班级。对老师而言,听到像汤娅这样的学生作出如下陈述是很普遍的:

1. "这个项目里的老师似乎是关心我的。他们没有对我大喊大叫,他们帮助我。"
2. "我喜欢这样,因为教室里是安静的,我能更好地集中精力。"
3. "老师会非常关注你这个人。当我举手时,他们会过来帮助我。"

4. "我做完了所有的作业,因为我必须这样……那是有规则的,然后我就有自由时间睡觉或做我想做的。"

5. "在这里我感到自己更聪明,因为我会被推动去做作业,还会以较好的成绩通过考试。"

此外,当汤娅成功完成在校内休学项目中的学习、回到班级里之前,项目老师还需要完成一张关于汤娅成功之处的观察表格。

◉ 直到真正结束

在焦点解决学校中,如果学生因为破坏性行为而受惩罚,那么他就会被安排参加由学校内部监管的、为期两三天的一个校内休学项目,之后她们会被安排去帮助那些与他合作有困难的老师,以便能够改善他们之间的关系。在开始任务前,学生会与曾教过他课的团队老师进行讨论。在那里,替代课程的教师会与每个人开会,分享有关"学生成功观察表"上的信息。这些学生的父母也被邀请参加这个会议,即使他们不出席,会议仍然会与学生一起开。不过,"学生成功观察表"会以邮件形式寄送给父母。团队会商议决定,指派一位自愿花费每日或每周个人时间的导师与学生互动,保持一种密切联系,直到团队与学生共同决定他可以回归学校正常生活。需注意的是,学生并非与班级孤立两周时间,而是很快就会回到教室,并且满怀希望地开始与老师以及在日常生活中给予他支持的人之间建立一种新关系。

如果学生之前与老师有个人矛盾,导师就会鼓励她私下与老师一起开会讨论,发展出一种在班级里彼此之间能更好工作的有效策略。行政管理人员不会参加此过程,以便这个老师和学生成为调解的专家。每位老师都会接受一些如何做好调节的训练,在学年开始的前几个月期间,学校咨询师会陪伴他们一起完成。学校咨询师会鼓励老师,但并不会给予建议或意见。

学生成功的观察表

教师姓名：_____　　　日　　期：_____

请完成下面的问题。当他从你的课程中回归时，下面的问题将帮助_____（学生的名字）的老师以不同的方式亲近他，内容越详细越好，包括该学生在你课程上的一些有用的对话和学习策略。

1. 列举一些对该生有用的教学策略。他是怎么有效进行学习的？
　
　

2. 什么样的方法能够激发学生完成他的功课？
　
　

3. 你使用过的能控制学生行为或使学生行为自制的成功策略有哪些？
　
　

4. 你使用过的似乎能"联结"学生并减少阻力的对话策略有哪些？
　
　

5. 列出其他能帮助老师在班级里与他成功互动的信息。若写不下，可将你的一些建议写在表格背面。

◉ 没有和解就重返学校,几乎不会有用

还记得第六章的肯恩吗?还记得当他和他妈妈的关系得到改变后,他的行为是如何改善的吗?当肯恩表现他"好的"一面后,他的努力便换来了一整个没有冲突的且幸福的夏天。他结交了新朋友,变得和妈妈很亲近,去看望他爸爸而不是和他住在一起,并完成暑假作业。开学第一天,妈妈把他送到学校时,他的精神看上去很好。他上了第一堂课——然后在去上第二堂课的路上,见到了去年令他退学的副校长。这个副校长说:"你为什么还要回来捣乱?难道你还没明白吗?"肯恩立刻离开了学校,剩下的日子也没有去上课。当副校长打电话告诉他的妈妈,这是肯恩的老把戏时,肯恩的妈妈怒不可遏。第二天,我和她一起去找校长和副校长。校长本人亲自到肯恩的家里道歉,并和他交谈了一番。可是这一切都太迟了。肯恩开始待在家里,不想再去学校,即使他的妈妈提出要给他转学也没用。最后,只好把他送到当地一家治疗中心住了一年,以便帮助他调整情绪,重返校园。

不要让这样的事情发生在你的学校!

◉ 教师构建关系问题

"重构学生成功表格"是指定给汤娅的老师们使用的,也是训练和重构过程中的一部分内容。其中包含的问题适用于初中学生,经过修订后可适用于小学生。

重构学生成功表格

你的角色是协助学生从特殊课程过渡到正常班级。在学生重回教室之前，跟他一对一地谈话，并且使对话聚焦在未来方向，而不是讨论导致学生参加特殊课程的过去的不良行为。看到学生需要新的环境来塑造新的行为。将自己看作引导学生尝试做一些新行为、回到生活正轨的催化者。回顾你在"问题"部分的表现，决定如何给学生定位一个新角色，因为你的行为将让学生从不同角度看到他在班上的价值。保持你的专业姿态——一致的、友好的、友善的、理解的和有序的。在旧有的故事中，学生是"被卡住的"，你要决定帮助学生重新编写一个新的故事，以便让他感到更成功。这个策略将帮助你减少学生对你的抵抗情绪，使你们双方能够冷静而和谐地进行交谈。

1. 当你在"特殊课程"中时，什么对你是有帮助的？

_____

_____

_____

2. 当你回到我们的教室，我想让你知道，我不打算与你讨论是什么问题导致你离开的。相反，我感兴趣的是，怎么做才能够帮助你留在学校。让我们一起讨论一下，为了让你留在班级里，你认为自己能够做些什么。你是我们班上很重要的一员。

_____

_____

_____

3. 就下星期而言,为了帮助你留在我的教室里,我可以做些什么?

_____

_____

(许多学生会不知道如何回答这个问题,因为他们没有机会告诉老师,他们需要从老师那里获得怎样的帮助,因此作为老师,你需要有耐心,要继续问。这个问题对有些学生而言,可能略显尴尬。通过提醒学生"项目"老师所提到的来帮助学生。)

4. 想象一下,假设某一天,对你而言,我班上所有的事情都变得更好了,我们仍需要做作业和完成任务。你认为谁会最先注意到,事情对你而言开始变得更好了?

_____

_____

_____

5. 在接下来的两周,你将会看到自己在做些什么,能够帮助你待在我的班级里?还有吗?还有吗?还有吗?

_____

_____

_____

◉ 休学暂缓

在汤娅的学区,学生重复休学的状况正快速减少,因为接受过焦点解决训练后的老师们开始用不同的方式对待学生。他们抛弃了"学生有不好品行"的念头,开始寻找学生身上的优点。学生很快就对老师减少了抵触,增强了合作。在这个新计划中,父母对学区的抱怨也少了,因为父母看到了教师的努力:与孩子一起合作,而不再仅仅是一次又一次的惩罚(显然这是毫无作用的)。简言之,学校教育学生通过模仿、使用新沟通方式及其他相关策略来表现出适当行为。当学校不再那么关注分数和看重作业时,学生的分数反而得到了较大提高。学生感受到了自己的重要性。抵抗和防卫自然不再如此频繁,因为这对学生而言没有用,也是没有必要的了。

◉ 这是真的吗

这些想法能够建构学校的未来发展吗?是的。全校都采取这样一种新的模式,放弃"惩罚学生就是唯一帮助孩子变得有能力的方式"这种信念,这真的可能吗?是的。(计划实施详见第九章)这些想法的实现无须额外的花费,只要小小的结构改变,然后教师按照本书所提供的信息进行学习和实践。个别学校或学区可以实施和设计整个计划,创造出一种重视例外教学的方法,激发每个人更加投入,创造出让人更有胜任感的环境。每个教职员工都了解训练和重构像汤娅一样的学生的观点,能够代替行政管理方式的介入,即不再强调她对老师的冒犯,这样每个人都能看到她的不同之处,包括她自己。这种"未来学区"

是一个联合项目,正在当今学校体系中缓慢发展。这会是很有意义的,因为他们提供了结构和限制,并聆听学生的需求。他们通过做一些有用的事情来消除那些没用的事情。老师和职工都相信,当学生为了能够有不同的表现而要离开正常教学计划时,他们需要一个不同的环境。他们对控制学生不感兴趣,相反,他们感兴趣的是学生的自我控制,并且他们相信当营造出"你可以"的环境氛围时,学生就可以做到的。通过呈现这样一个项目,学校就能够提升学生成功的几率,并且减少他们的压力。

◉ 与问题取向学校的对照

注意上面描述的计划与问题取向学校之间的差异。通常当一个学生从一个受惩罚的环境中回归,转入一个问题取向的学校环境中时,老师和行政管理人员会警告他:

> "现在你的表现让你结束了这个暂缓课程。如果你下次再犯,就直接可以退学了。我保证我一定会做到。"

焦点解决学校会采用不同的方法来解决这个相同的问题，注意两者之间的区别：

> "因为你已经完成了这个课程，现在你有机会去体验一些不一样的事情。当你回到学校，我们会采取不同的方式对待你。我们已经从你的特殊课程老师那儿知道了使你成功的因素和方法，因此在我们的教室里，我们也希望能够利用这些方式，使你在这里也能够成功。"

我们将引述特殊课程老师的发现，并将讨论如何在教室中加以运用：

> "我们想让你知道我们不会放弃你。我们对你在 ISS 项目中的成功表现印象深刻。"

想象你就是那个学生。那么，怎样表达能够激励你表现得更好呢？

● 焦点解决训练指导表

总会有一些学生表现出对其他人的一些危险行为，这是理所当然的。那些学生的表现远远不如其他学生。先前描述的计划是一个预防性计划，主要是为改变那些"偏离轨道"或者经常不遵守规则的学生的环境。该计划看重学生系统中每一个人的责任，增加了他们改变行为的概率。（详见"焦点解决训练指导表"的内容）这种介入的重要性在于学生不必过多关注他过去的行为。学生只是一位偏离轨道、现在正走回正途的人。教师的认知改变具有扩散作用。当学生看到老师是充满祝福且满心期待他们在自己的体验中开始不同的学习时，学生会感到十分惊讶。当每个人都相信你可以做到时，就会形成一种推动人成功的良性压力。

注意：学生通常认为老师不会改变态度而接纳他们，尤其是当一个学生违反纪律时（改变他们的想法！）。在学校，老师通常会看不起那些品行不端的学生，视他们为麻烦制造者，认为他们懒惰或总是带来麻烦。建议学生相信老师正在慢慢改变，而老师的改变也能促使学生更加重视自己的改变。这样一来，学生就会有不一样的反应，而学生不同的行为表现又能提示老师，他们的努力是有用的。因此，真正的影响在于学生要密切观察，以及给老师一个机会看到他或她已不同于以前。（见下页）

◉ 团队合作改变系统和学生的名誉

我曾经和一名高中女孩凯伦交谈，她的学习成绩下降得很厉害。她的父母告诉我，她已经开始和社会上的人出去闲逛，并且常常从学校早退。他们已经试着和她谈话、交涉，甚至发火，但都无济于事。当我和凯伦会谈时，她十分确定她失败的理由只是学习太难了。她说，她没有办法跟上老师的节奏。发生这些状况时，她没有寻求任何帮助，只是告诉了她的朋友，之后就出现了一些不良行为。

和凯伦的交谈中，我同意她说的社交生活很重要的观点。她回答说，她的老师认为她身上的社会习气太浓了，老师开始写信给家长，报告她上课经常顶嘴的事情。我注意到拥有朋友对她真的很重要，但是让我真正担心的是，她正在给教她的老师们留下一些错误的印象。毕竟在我和她的交谈中，我能发现她的优雅和善良。之后，我邀请她的老师们与凯伦一起参加一个团队会议。在会议上，要求老师们向凯伦描述他们喜欢凯伦的部分。尽管我不在会议现场，但老师们后来告诉我，他们是这样描述她的：

焦点解决训练指导表

教师姓名：_____　　　　日　　期：_____

违规的事是_____

1. 老师对学生的目标

_____

_____

2. 学生发生违规行为的频率如何？

_____

_____

3. 回想一下当违规行为没有发生的时刻。那时发生了什么？（与学生面谈，了解他(她)的学校和家庭生活。）

_____

_____

4. 过去的训练方式是什么？

_____

_____

5. 哪一些训练行动改变了行为？（重复有用的,无视无用的）

_____

_____

6a. 在学生团队中哪一个老师（或行政人员）似乎能和这个学生保持良好的关系？

_____

_____

6b. 这个教职人员做了什么能够与这个学生保持良好关系？（与教职人员面谈）

_____

_____

7. 有时候学生能够远离烦恼的方法是什么?学生对那些没有转介他们的老师会有怎样的解释?那些老师做了什么对他们是有帮助的?(与学生面谈)
_____
_____

8. 没有使用转介方法的老师帮助学生摆脱烦恼的策略有哪些?
_____
_____

9. 新的训练策略:根据对第五至第八条问题的回答,写下对学生改变行为有用的策略。记住只写有用的策略,忽略那些没有成功的。写下能帮助学生完成该项任务的教职人员名单。
_____
_____

10. 在1—10的评分中,学生发生改变时可以评几分?让学生看看下面这个刻度尺,并问问他进步的幅度。

没有改变   成功
———————————————————————————————
 1   2   3   4   5   6   7   8   9   10

问:"仅仅在本周(对中学生)或者在今天(对小学生),你开始做些什么能够使你在此评分基础上前进一步?"

说:"当你开始尝试改变行为时,你的老师会一直关注你的改变,他们自己也会做些改变。我想让你仔细观察并注意这些改变。"

"我们一直认为你是我们班上的一位领导型人物。我们看了你去年的资料,你的成绩是我们期待看到的……你有许多天赋和能力。我们都喜欢你待在我们班级里。有时你不会注意到,但我们知道朋友对你而言是很重要的。我们都想知道,你是否愿意在下周关注一下什么时候要完成功课、什么时候适合谈话。我们将继续观察你的领导能力,其他学生也会看你在做什么。我们很感激你的帮忙。我们打算改变我们对你的看法,请留意我们都做了什么不一样的事情。我们期盼你下周五再次来到这个会议,我们一起讨论在下周都发生了什么。"

凯伦在一周内发生了彻底的转变。当一周后再次召开团队会议时,老师们相互报告了她的家庭作业分数,并分享他们观察到的她用来协助班级维持常态的方法。之后,团队要求凯伦每隔一周拜访他们一次,最后,等她的成绩稳定后,才逐渐取消了会议。凯伦后来是这样告诉我的:

"我除了改变别无选择。他们都如此友好。我不习惯老师对我这么好并且问我他们能为我做什么。我一直以为他们会对我所做的事情感到非常生气,而不会理我呢。"

团队领导者给凯伦的父母打电话,令父母感到高兴的是,他们已经开始看到女儿能够待在家里了。尽管她仍然会和她的新朋友一起做一些事情,但她似乎对完成她的作业更感兴趣。这个团队用一种与众不同的方式观察凯伦,协助凯伦培养了她对自己学习能力的新认知。相比于观察她没有做的事情,他们反而特别关注她是如何感知自己和学校生活的。然后,他们着手改变了她的认知。

通过改变系统来改变学生

以下是凯伦老师们认同并实践的观点：

1. 通过聆听学生的话语及观察她在班上的学习行为，了解她大概是怎么理解自己的。

   例如：这个学生看起来很沮丧。她可能认为学校对她而言是没有意义的，因为她似乎很少完成家庭作业。也许她今天可以帮助我整理办公桌，这样我就能称赞她的能力。我想知道她喜欢为我做些什么。

2. 我说些什么或做些什么可能会改变她对自己的认知，哪怕只是一点点，哪怕只在今天？

   例如：我能称赞她的裙子、她的衬衫，或在上课期间我注意到的任何一些细节。我能把他们喊来并问一些我确定他们会感兴趣的问题。例如，托德今天穿了一件波士顿红袜队的球衫。我想知道他是否有兴趣为历史课上"美国英雄"一章而去图书馆查阅美国英雄芬威公园球场的历史。

3. 我如何能够走进她的世界，用一种很细微的方法帮助她感受到我的接纳，以便我能得到她的尊重和关注，化解她的阻抗和不想做事的意愿？

   例如：当我感到来自瑞妮的阻抗时，我会认为布置的功课内容多、难度大，我会建议她在接下来的 10 分钟只需完成两个问题。我可能会让她和在班里受同学欢迎的安一起学习，看看是否能够激发她的学习动力。我也可能邀请她们到大厅或者图书馆学习，这样瑞妮就不会感到尴尬。我会这样表达我的观点，"瑞妮，我一直想看学生之间是如何合作的。今天你和安能帮助我做个实验吗？"

4. 在学生的支持系统中，还有谁可以使用我现在正在对学生使用的这种策略，以便她能感受到自己的不同？

   例如：我将邀请吉姆·维克的副校长从今天繁忙的工作中抽出两分钟，

在非正式的上课时间经过我的教室。然后,我将邀请副校长把吉姆·维克叫到走廊上,这样我就可以在她面前直接称赞吉姆·维克。

总结

在一篇名为"按规矩办事"的文章中,大卫描写了一名教练,将一支不断惹麻烦、滥用药物的高中足球队,转变成一支受人尊敬的高水准的团队。他到底是如何做到的?

> 在教练和队员之间,必然存在一些激励性因素。但是那究竟是什么?是否有一些是教师和学生之间可以学习引用的?在什么情况下,学生会为他们的老师努力工作,就像运动员为教练一样?(Ruenzel,1994,p34)

黛尔·巴顿教练成长于书香门第,父母都是学校教师。他在"退学边缘学生的特殊教学课程"中工作了五年。他会做任何可以激发学生学习的事情——陪他们一起大笑,和他们聊天,与他们一起放松,以及一起看电影等。他逐渐进入了学生的世界。他开始相信一种非常简单甚至太简单的哲学:"……如果你设定了一个你能接受的标准行为和表现,你就能够和学生完成任何事情……"巴顿不会咒骂,不用面具隐藏自己,不会丢写字夹板或是在办公室大吼大叫(Ruenzel,1994,p34)。

有很多教练策略能够赢得团队的支持和忠诚,而这些行为或许能够教导我们在班级里如何减少不良行为。也许是时候在班上成为……一名教练……或啦啦队队长!

练习活动

焦点解决训练

下面两张要填写的卡片,是给在你班上具有挑战性的学生与学生家长的。称赞这名学生,你的目的在于改变学生及其父母对学生的想法,并且改变学生在校的行为。这个学生可能是一个问题学生,一个学习较差的学生,或是一个有行为偏差的学生。不要遗漏在本周你所观察到的任何例外。先把第一张卡片交给学生,再把第二张卡片交给家长。假如学生在校有其他相关的老师,也把卡片影印一份给这些老师。他们可能也会使用这些卡片。在你进行此事的同时,也邀请你的同事偶尔给学生和学生家长寄一些类似的卡片。在完成这项工作后,与你的同事一起讨论你们所观察到的变化。假如发生了改变,可以常常继续运用这种方式。

给:_____

来自:_____

对你,我感到非常惊奇!

_____

_____

_____

_____

_____

_____

_____

(教师签字)

给：_____

来自：_____

在学校发生了一些令人惊奇的事情！

_____
(教师签字)

第八章

培养学生的社交能力

生活有时会出现难以用言辞表达的时刻,这时只能用心感受。

——马丁·路德·金

道格·库克博士很能理解马丁·路德·金这句格言的含义。去年春天,为完成博士论文的一部分,库克博士使用焦点解决理念访问了一个二年级班级,一双兴奋地舞动着的小手引起了他的注意。这名二年级学生举起他的表格(详见本章)说:"库克博士,这就是让我感觉可以评10分的事情!"

　　几年前,我有幸见到了库克博士和他的同事。在访问他的学校时,我留意到当他经过走廊时,他认识每一个遇上的孩子。某种奇迹发生在他的学校里……而该奇迹可以总结为:每一位老师和工作人员都尊重学生。教职工在寻求解决方案,而不是问题。当某些人在理解和满足学生的需求上存在困难时,他们就会作为一个团队相互合作、互相帮助。库克博士花了很长时间教老师们用新的方式与学生一起工作和交流。唯其如此,他被焦点解决工作的有效性所深深吸引,并专注于探讨焦点解决式练习对小学生自我概念的影响。通过研究,他得出结论,当学生被教导应关注解决而非问题时,学生就会有积极的收获。以下两部分内容来自他在俄亥俄州都柏林的河滨小学的项目。

◉ 认识小学校园中的社交能力

　　作为焦点解决取向的项目内容,库克博士会见了各个班级并与学生一起讨论了各种社交能力的主题。以下内容或许对希望能在班级中教授社交能力的老师有一些启示,保持聚焦解决以便学生们发现对他们有用的话题。这些主题可以每隔一周开展一次,这样学生们就能针对目标展开行动,同时又能看到他们个人的进步。

- 我认为自己有多好？什么时候我认为自己很好？
- 我对表达我的感受有多擅长？上一次这么做是在什么时候？
- 在团队中我的合作性如何？上一次表现出我的合作性是在什么时候？
- 我在尊重其他同学的所有物方面做得有多好？我是怎么做的？
- 当某些人对我不友好时，我如何做到不打人或不口出恶言？我是怎么做到的？
- 我有多擅长成为别人的朋友？我的朋友对此有何意见？
- 我在控制自己的行为上表现如何？我是怎么控制的？
- 当别人发表一些我不认同的观点时，我怎样表现出对他们的尊重？我是怎么做的？
- 我的教养如何？我怎么表现出我的礼仪？
- 我是怎样礼貌待人的？上一次这么做是什么时候？
- 我如何控制自己不说不友好的话？我是怎么做到的？
- 我怎样做到很好地聆听老师和朋友的倾诉？上一次这么做是什么时候？
- 当我知道某件事情是错误的，我能友好地拒绝吗？我是怎么拒绝的？

注意：每一种社交能力都假定学生具有这种社交能力，这是利用预设性语言（焦点解决取向的术语），暗示着改变或者行为已发生过并将会再次发生。学生的自我概念重复性练习可以为他们每周的头脑风暴和社交技巧的辨别提供指导，同时也可利用刻度化评分的方法，评分范围在1-10分。小学教师可灵活调整工作表的使用方式，与同学们一起进行主题讨论，提供实例或请同学举例。根据教师的示范，以及学生自己填写工作表，教师可灵活插入每周的主题并请学生完成句子练习。例如，"今天我在_____分，因为我做了如下事情并感觉良好"。

今日我的自我概念分数有多高?

姓　名:＿＿＿＿＿＿＿＿＿＿　　　日　期:＿＿＿＿＿＿＿＿＿＿

低									高
1	2	3	4	5	6	7	8	9	10

个人目标

1. 今天,我在＿＿＿＿＿＿分,因为我做了以下几点:

＿＿＿＿＿＿＿＿＿＿＿＿＿＿＿＿＿＿＿＿＿＿＿＿＿＿＿＿＿＿＿＿

＿＿＿＿＿＿＿＿＿＿＿＿＿＿＿＿＿＿＿＿＿＿＿＿＿＿＿＿＿＿＿＿

2. 到了下节课,我希望能够在＿＿＿＿＿＿分,我将会做以下事情:

＿＿＿＿＿＿＿＿＿＿＿＿＿＿＿＿＿＿＿＿＿＿＿＿＿＿＿＿＿＿＿＿

＿＿＿＿＿＿＿＿＿＿＿＿＿＿＿＿＿＿＿＿＿＿＿＿＿＿＿＿＿＿＿＿

班级目标

3. 作为一个班级,我们正处在＿＿＿＿＿＿分,我通过做到以下事件可以使我们班级分数更高:

＿＿＿＿＿＿＿＿＿＿＿＿＿＿＿＿＿＿＿＿＿＿＿＿＿＿＿＿＿＿＿＿

＿＿＿＿＿＿＿＿＿＿＿＿＿＿＿＿＿＿＿＿＿＿＿＿＿＿＿＿＿＿＿＿

与上周相比,我有什么变化?

＿＿＿＿＿＿＿＿＿＿＿＿＿＿＿＿＿＿＿＿＿＿＿＿＿＿＿＿＿＿＿＿

＿＿＿＿＿＿＿＿＿＿＿＿＿＿＿＿＿＿＿＿＿＿＿＿＿＿＿＿＿＿＿＿

　　＿＿＿＿＿＿＿＿＿＿＿　　　　　　＿＿＿＿＿＿＿＿＿＿＿

　　　　(教师签字)　　　　　　　　　　　(学生签字)

(改编自道格·库克博士,俄亥俄州都柏林)

学校 LOGO

日　期：_____

亲爱的家长：

　　社交是您孩子学业和社会生活的一个重要组成部分。我们老师相信社交能力对孩子成长为一个亲善、有爱心和成熟的人是非常重要的。对自己和他人抱有善意的学生能够更倾向于与他人合作，学业也更好。在校期间每隔两周，我们老师会与学生一起讨论一个新话题，期望帮助他们以最佳的方式来学习社交技能。以下是讨论的话题范围：

- 我是怎么评价自己的？
- 我怎样很好地表达自己的感受？
- 在团队里，我是怎样跟他人合作的？
- 我在尊重其他同学的所有物方面做得有多好？
- 当某些人对我不友好时，我如何做到不还击或者不说出不好的话？
- 作为一个朋友，我的表现如何？
- 我怎样很好地控制自己的行为？
- 我怎样对一个与我意见不一致的人表现出我的尊重？
- 我的行为举止表现如何？
- 我该如何礼貌地对待他人？
- 我怎样控制自己不说不友好的话？
- 我如何很好地倾听老师和朋友的话？
- 当我知道某件事情是错误时，我该如何拒绝？

您的孩子将会回答这些问题，并且会被鼓励利用1—10之间的评分来回答他已经获得其中的多少能力,"1"意味着低分,"10"意味着高分。每隔一周您的孩子将会把他的作业表带回家,这样您可以与您的孩子一起谈谈取得的成功。我们相信所有孩子或多或少都具有一定的社交技能。我们的工作就是帮助他们发现他们的能力并且将这些能力扩大。

感谢您的支持!

教务人员＿＿＿＿＿＿＿＿

每个星期在开始一个新话题前,教师都可以利用以前的表格,请学生谈谈成功的地方。然后,他们可以重新评价自己,看到自己的进步。还有一种有趣的方式是,请学生谈谈排名前十的同学,并且对为什么要提名该同学作出解释,例如他做了什么可以获得一票。这项任务可以作为家庭作业。但是,教师需要通过写信的方式告知家长这个项目,并获得他们的支持。

除了这些有效条目外,若校长也能够参与到每隔一周举行一次的班级评比中,评出得分最高的班级,也将会是大有裨益并令人兴奋的。低年级的学生适合短期目标和奖励。比如,获得最高分的班级可以优先吃午饭、优先休息,获得额外的30分钟户外活动时间,或者在周五观看一部特别的电影。虽然这些奖励都是免费的,它们传递了社交能力的重要性。

◉ 谁是最负责的人

库克博士杰出的辅导计划的另一部分——目的是确保小学生遵守社交规范——是辨别那些表现出相关社交能力的学生。下面的练习很容易在小学,包括所有教职工和管理者中实施,只需关注那些正表现出一定社交技能的学生即可。

这个计划是如何运作的

每个月选择一个不同的"性格塑造"主题词,并由校长统一宣布。学校会鼓励学生做出一些符合这些主题词的行为并举例说明。然后鼓励教师关注学生在这些主题中所做出的选择。提名表格的复印件(一式三份)会张贴在教师办公室的门上以及学校各处。当"抓到"一个学生正在做性格塑造的行为时,他就会被记录在提名表格上。一份白色副本要求学生带回家;一份粉色副本放在教师盒子里,将在教室里展出;一份黄色副本会放在办公室的年级学生"提名"框内。每个周五下午,从每一个年级盒子里分别选择一名男生和一名女生,然后在下周一由校长宣读被选出来的学生名字。这些学生可以带领班级优先吃午饭、享受特别的休息时间。然后,库克博士将每一个被选出来的名字都写到午餐房间的墙上,这样每个人都能在"月度主题词"墙上看到他们的名字。

一年后,墙上写满了学生的名字,从幼儿园到五年级,这些学生证明了他们的行为与态度,并以积极的方式表达了对控制和表现他们的个性所具备的责任。这个方案需要管理,但是值得这么做。捕捉表现出解决导向和期望行为,并对自己行为负责的儿童,这样的思路使得这个项目聚焦于解决导向,而且减轻了处罚。

你可以与道格·库克博士取得联系,地址是:Scioto Ridge Elementary School,8715 Big Bear Avenue,Powell,Ohio 43065。

◎ 在中学设置导师机制

当你面对1200名有着复杂社会经济背景的小学高年级学生(5—6年级),而且在他们的生活环境中缺少足够的健康成人做榜样时,你会怎么做?你可能会转而向你学校的健康教师求助,你们彼此帮助解决对方的问题学生:

"瑞琪,那个在数学课上令你受阻的家伙,就交给我吧。而莎丽,这个令我在社交课上犯难的学生,就交给你了。你可以帮助她感到被支持,教她一些社交技能——当然,我也会这么对待瑞琪的。"

朱迪·马丁坐下并看着她的项目,三年内导师从13位增长到52位,想到那令人激动的时刻仍会忍不住笑出声来。当一位教师创造出"与导师挂钩的孩子"(Children Hooked Up with Mentors)的字母缩写"C.H.U.M.S"时,德克萨斯州凯特镇熊河高级中学的马丁女士就知道她的这个想法将会为更多人服务。

荣誉榜提名

学生_____

班级老师_____   日期_____

学生实践了_____

通过_____

_____

推荐者_____

优秀行为推荐单

学生_____

班级老师_____   日期_____

学生实践了_____

通过_____

_____

推荐者_____

"与导师挂钩的孩子"全在这里

马丁女士起初是为那些总给教师惹麻烦的学生启动这个项目的。她要求来自不同团队的老师"领养"这些学生并成为他们的导师。马丁举行了一次备有甜品的非正式动员会,简要地介绍了她对这些处于危险处境中的孩子的期望和计划。导师们需要花时间与被领养的孩子相处并扮演父母的角色。她认为这些孩子需要一个可依赖的联盟。从中获益最大的学生是那些来自单亲家庭、家庭社会经济收入较低、缺乏社会技能及有学习和听力缺陷的孩子。

目前这个项目已经发展到包含多种活动内容,例如每年秋初会有"南瓜雕刻聚会",导师们在剪贴簿上记录当下的感受,并享用当地居民制作的比萨饼、三明治和蛋糕。马丁女士拓展了该项目的范围,增加了趣味性,例如宣布将在某个特定的日子,当导师和学生一块吃特别午餐时举行"邀请密友共享午餐"活动。最近马丁女士又邀请了当地其他高级中学的学生来校考察 CHUMS 项目,借此吸引更多人参与到该项目中。

项目主要关注对学生起效的内容,而这些学生是需求尚未得到满足的群体。正如本书其他章节中所言,当这些学生对自我认知发生改变时,行为也会改变。通常我们会在认为是重要的和有价值的情况下才会采取一定的行动。CHUMS 项目只是为那些处于危险境地的学生做了一些正常孩子该有的事……给予他们一个成人榜样以供依靠,相应地,他们也会学会尊重自己。

你可以写信联系马丁女士,地址是:Bear Creek Intermediate School,801 Bear Creek Parkway,Keller,Texas 76248。

● 影响高中生

向高中阶段的学生教授社交能力是一件非常困难的事情,尽管此时是他们生命中看起来最无能为力,也是最不愿让教师发现他们善良的阶段。

托伊·安吉尔女士就曾遇到过这样一个学生。她叫安吉拉，高二学生，自从见了老师一面后，就非常反感安吉尔，并竭尽所能表达了她的态度。当安吉尔女士说话时，她就猛拽试卷和翻白眼。尽管安吉拉做出如此滑稽的行为，安吉尔女士还是努力想要赞美安吉拉。每次遇到安吉拉，安吉尔女士都会率先打招呼并询问她的近况。起初安吉拉一点也不搭理她。渐渐地，安吉拉开始变得不那么粗鲁，也更耐心了些。春假结束后，即开学六周后，安吉尔女士开始上罗密欧与朱丽叶的内容。安吉拉主动坐到了前排，并认真听安吉尔女士所说的每一个词。

某一天，在一次写作实验后，离下课时间还有 15 分钟，安吉拉坐在讲台后的安吉尔女士的位子上。安吉尔女士请安吉拉为大家讲一讲罗密欧家族的故事。显然，安吉拉感到非常意外。安吉尔女士小声告诉了安吉拉答案，并提醒她几分钟以前刚刚说过。同学们认真听讲，当结束演讲时，安吉拉回到了自己的座位上。安吉尔女士很感谢安吉拉对她的帮助。一种友情悄然萌芽了。安吉拉继续上课，并取得了班上最好的成绩，同时又做了一个精彩的演讲。安吉拉一直选修这门班级阅读课。当安吉尔女士遇到麻烦时，安吉拉就会挺身帮忙。

当学期结束，同学们即将开始暑假生活时，某一天安吉拉突然站起来，说：

"我想代表安吉尔女士第七班的全体学生向您说，(转向安吉尔女士)我在开始时并不喜欢您，但是现在我喜欢您了，我们认为您是最伟大的老师，我们希望您永远不离开我们的学校。这是我们一起筹钱买来送您的手帕。"

安吉尔女士的耐心、真诚和毅力使她能够很好地与阻抗她的学生相处。这

是我们大多数人梦寐以求的。她是怎么做到的呢？她告诉我，她放下了她的看法，并尝试看到消极行为的反面，她相信老师最好的干预方法是微笑着沟通。"每个人都希望他们是受人欢迎的。"虽然许多中学生会抵抗这个假设，但作为一位家庭治疗师和教师，我的经验显示，这是真的。

帮助高中学生提高社交能力

显然，我们的行为和语言是向学生传递什么是可接受、什么是不能接受的重要榜样。卢安·约翰逊在其著作《危险思想》(*Dangerous Minds*)，(St. Martin's Press，1992)中描述了在同事指出她的不足之处时，她才终于明白为什么她那班麻烦的、充满挑衅的学生会如此粗鲁地对待她。

> 约翰逊小姐，你不喜欢我们，你很聪明、机智，并受过良好教育。当你想要的时候，你可以随时驳倒我们，因为你比我们年长，也比我们知道的多，但这不公平，这很不好，这也不是为师之道。(约翰逊，p40)

约翰逊女士感到惭愧，并意识到她的学生们是对的。她不得不把她的教育理念放置一边，将目光转向她的学生，思索如何使用他们的语言来进入他们的内心世界。她有喜欢她的朋友和同事，那么在一个青少年班级中，她该如何让这些学生也喜欢自己呢？第二天她在班上做了一个演说：

> "我得承认……我并没有友好地对待你们。我很抱歉。但是你们也没有对我表现出善意。从第一天起你们就逼迫我站在防守的位置上，而我从来没能跨越这个位置。好吧，我想现在该结束了。我做的这张座位表并不是为了惩罚你们或者让你们不安。我这么做是因为我想帮助你们成为

最有效率的学生,这样你们就可以好好学习。这是因为我喜欢你们。如果我讨厌你们,我就让你们坐在教室后面打牌而不是学习莎士比亚了。你们看到这张小纸条了吗?（那是一张黄色便笺纸,写着"友善待人"）我用这来提醒我要对你们好。如果你们也这么做了,我会很感激!你们觉得呢?"（约翰逊,p43-44）

接下来的几秒钟内,约翰逊女士担心她的新方法是否会跟之前一样。然而之后,学生们开始回答问题,约翰逊女士则向他们指出他们的行为是否是善意的。

> 我们再一次结束了第二幕的剧本朗诵,这次饱含着更多热情……最后铃响了,我坐回我的位置上,享受地听着学生们讨论这出戏剧时那甜美的声音。他们一边收拾课本,一边彼此争论着哪一个莎士比亚的角色更深入人心。这一个小时内,我是一位真正的老师。这感觉真好。(约翰逊,p44)

◉ 创造让学生学习社交技能的课堂

详见"中学教师的头脑风暴练习题"工作表。

◉ 焦点解决取向的冲突解决法

焦点解决学校能够起效是因为它关注的是例外,而不是问题。下次学生出现心烦无助的时候,按照下面的冲突解决步骤来解决问题——焦点解决风格——然后观察会发生什么。你将会看到一个已经学会更好地处理生活困扰、更加快乐的学生。

中学教师的头脑风暴练习题

根据美国学校指导协会列出的标准，下面是美国学校需要进行教授和说明的几项社会能力。团队或小组的教师需要阅读下面内容：左栏描述的是某种能力；中间栏描述的是当学生具备这项能力后该有的行为表现，并附简要描述；右边栏描述的是老师为鼓励学生表现出中间栏的行为可以做的事。

例子：

| 对自我有积极的态度 | 学生受到激发开始学习，动机可以从对某样事物的兴趣表现出来。 | 1. 评估课程计划及其对学生的有用性。
2. 选择使学生产生兴趣的课程计划。
3. 询问学生哪一类课是有效的。 |

能力	情景描述	我们的任务
对自我有积极的态度	＿＿＿＿＿＿＿＿＿＿ ＿＿＿＿＿＿＿＿＿＿	＿＿＿＿＿＿＿＿＿＿ ＿＿＿＿＿＿＿＿＿＿
看重他人和生活的价值	＿＿＿＿＿＿＿＿＿＿ ＿＿＿＿＿＿＿＿＿＿	＿＿＿＿＿＿＿＿＿＿ ＿＿＿＿＿＿＿＿＿＿
懂得目标设定	＿＿＿＿＿＿＿＿＿＿ ＿＿＿＿＿＿＿＿＿＿	＿＿＿＿＿＿＿＿＿＿ ＿＿＿＿＿＿＿＿＿＿

续表

能力	情景描述	我们的任务
识别和表达情绪		
明白合理和不合理的行为		
识别他人的底线		
识别个人的能力和优势		
在一个团队中有效沟通和协作		
能做决定		
在不打架的情况下解决矛盾		
坚持学习		

（改编自美国学校指导项目标准，美国学校指导协会，1997.）

1. "听起来真糟糕。目前为止你是怎么做到让事情保持稳定的?"
2. "你想要事情发展成什么样?"或者在面对两个学生的时候问,"你们俩想要事情发展成什么样?"
3. "想想那些让你觉得更好的时刻(学业有成、家庭美满、朋友和善、生活更加美好、人们也不会觉得气恼)","告诉我这些美好的时刻和现在有什么不一样呢?在美好的时刻你又会做些什么不一样的事呢?"
4. "你认为我们今天应该做些什么以前在你身上起效过的事?还有呢?还有呢?"
5. "你认为今天的境况出现哪些不一样时,你就能轻松地做到以前没有做过的事?"

关注目标设定、例外聚焦和任务进展。老师需要做的很少,但要指出解决过程。当学生们对一件事情或者学校生活感到沮丧,或者当某位学生感觉失落的时候,教师可以使用这个方法。另外,这对老师摆脱工作压力、回到工作常规来说也是一个迅捷的方法。

总结

以下这段摘录非常重要,特别是那些对教学饱含热情、坚定地想要帮助学生成为有社交能力的教师来说。

> 你是怎么让不同的人朝着同一方向前进的?答案是创造一种尊重的文化。
>
> 英文单词"respect"来源于拉丁文"respicere",义为"看到",创造一种尊重的文化需要从领导者做起。作为领导者,首先需要审视自己的激情与自尊,去发掘那些让自己感觉受激励及被尊重的事物。当领导者自我

感觉良好时,他会变成更为充实的人……通过这种方式,领导者理解我们都是平等的,当人们感到平等和被尊重时,就会表现出最佳效能。(罗斯,p236)

练习活动

关注自我

你能带给你们班级什么样的优势,且值得学生效仿?

如果问你的学生你做了什么事使他们对自己感觉良好,你认为他们会说什么?

在课堂上让你的学生从你的身上学到冲突解决方法的秘诀是什么?在1—10分评分量表上,你给你的有效性打几分?

如果你每天可以选择对一个学生做点不一样的事,好让他感受到自己的不同,那么你认为或你相信那会是什么?如何能够让你继续这么做?

第九章

创造焦点解决取向的学校：
为管理者提供策略

"育才不育德，实为贻祸社会也。"

—— 西奥多·罗斯福

在罗伯特·罗斯博士所著的《领导人》(*Leading People*)这本书中,是这样描述"健康"组织的:

> "……一个高效能的组织会培养和开发员工的天赋、思想和能力。健康的组织注重培养核心价值观,例如信任、正直和团队合作,他们会平衡员工、客户、股东及大社区等各方的需求。他们之所以这么做并非因为这是正确或公正的,而因为这是一项事业,它给予了他们深层次的、持久的竞争优势——稳固而有弹性的企业文化,员工工作就像是经营自己的事业一样,从工作中学习,并真心专注于质量和服务。"(Rosen,1997,P5-6)

假如我们为焦点解决学校重构这段话:

> 焦点解决学校会培养和开发学生的天赋、思维和能力。焦点解决学校注重培养核心价值观,例如信任、正直和团队合作,全体教职员工会平衡他们自己、他们的学生、学生的父母以及学校的各方需求。职工这么做不是因为他们想要提高考试分数或想要留恶名,而是因为这么做能够带给他们难能可贵的机会——一种稳固而有弹性的学校氛围,在这里学生、教职员工及家长感觉学校就像自己拥有的一样,每天进行学习,并真心关注每个学生的成长。

本章内容来自一些管理学上的研究材料和我个人以顾问身份参与创建的

焦点解决学校的经验。我见证了学校咨询师和学校心理从业人员将焦点解决思维带入他们的咨询工作中所取得的巨大成就。我也亲耳听闻起初他们与学校组织分享这些观点时,校方根本不予理会,从而遇到的种种挣扎。我了解当所有人齐心协力去创办这样一所学校时会更容易和更高效。

第九章将会为你介绍,当你将本书中的观点在你的组织、你的学校中进行尝试时所产生的效果。我也会给那些期待下一学年有所不同的管理者们提供线索和帮助。本章节包含职工会议手册,如何确保职工、家长和学生保持统一立场的方法,以及使你洞察自己、明确自己对学校的期待是什么的一些方法。

◉ 创造愿景

阅读以下节选并铭记于心:

> "人们不会因为更高的净收益而受到鼓舞,也不会因为增加的市场份额而受到激励,同样他们也不会因为 —— 至少长期内 —— 更高的薪水而受到激励。这些都不会使他们实现优越的目标或有出色的工作表现。唯有心中相信的事情才会。"(Rosen,1996,P29)

我是在20世纪70年代早期开始从事教师行业的。我清楚地记得在每个秋季,我所在学区的全部老师会被召集在一起开会。整个会议长达好几个小时。在我们刚度过一个美好的暑假返校后,会被立即告知这个学年我们需要完成的任务。那个时候,考试分数不是重点,学生教育才是。如今,不仅考试分数很重要,学生教育、社会技能、父母参与、药物滥用、青少年酗酒、职业发展等等,都是关注的主题。一位教师到底该做什么呢?对所有期望的抱怨都强加到教师身上,而他们自己的期望却从未有人在意过。正如许多公司因此而倒闭一样,这也是某些学校正面临失败的原因。

创建焦点解决学校始于一次会议,会上学校管理者表示相信一种焦点解决方法能够帮助学生们取得更高的成绩,展现更好的精神面貌,以及学会合作。但是,她也担心,因为她知道如果要达成目的,她的老师们首先必须要相信他们能够实现这个目标。于是,她征求老师们及教职员工的意见,询问他们想要什么,就这样慢慢形成了整个学校的一幅愿景。

◉ 焦点解决取向的角色扮演

讲义1　可作为开启训练的一种方法。这是我培训教育者学习焦点解决理论所使用的最有益的实践练习。在分发讲义前请给教员解释以下内容:

"两人一组。一个人扮演老师,一个人扮演你去年工作中曾遇到的处理起来最困难的学生。记住了吗?给你们两分钟,我希望学生尽可能展现出有问题的一面,并述说自己是如何厌恶学校的那套做法。而老师,我希望要找到一种方法说服学生相信'他有问题'。"

讲义1　焦点解决取向提问

请学生回答下列问题：

1. 这听起来糟糕透了，但事实上我很惊讶事情并没有变得更糟。你是如何做到不让事情变得更糟的？

2. 对你而言当事情变得更好时，你将会做什么？

3. 过去什么时候发生过类似的事情？

4. 你做了什么使它发生？

5. 在类似的其他情况下，你会做些什么来帮助自己？

6. 如果用1—10进行衡量，1表示问题确实严重，10表示你战胜了问题，当我们开始谈话时，你处于几的位置？

7. 现在你处于几的位置？

8. 为了使分数稍微提高一点，本周你会做些什么？

两分钟后,发放第一份讲义,只要求"教师"阅读讲义,不能让另一人(学生)知道讲义内容。告诉老师们这次要用不同的方式、对同一个问题进行讨论。从第一个问题开始,利用提问找到解决之道。

询问老师们哪一个方案更成功,为什么;然后将剩下的讲义发放给学生的扮演者。要求"学生"回答在第二次练习中哪些部分是有效的,"老师"则回答在第二次练习中他们有何不同。

会议讨论

在角色扮演结束后,管理者分享自己关于成功学校的一些思考,然后询问老师和其他职工的意见,因为管理者相信集思广益可以使学校发展得更好。

我们的学校代表着什么?

我们的学校信奉什么?

学校对每个学生的要求是什么?

我们的学生是如何看待我们学校的?

学生家长如何看待我们的学校?

从现在开始到六个月后为止,请你预想一下学校会达到什么样的水平。

对教职工而言,讨论什么是他们不想要的可能会有些困难。没关系,对问题可以适当做些调整：

那么取而代之，你想要什么？

你认为你如何能够帮助我们实现目标？

你认为还有谁能帮助我们实现目标？

作为校方，我们该如何取得成功？

头脑风暴：作为教职工，你认为哪四个优先选项可以帮助我们达成先前讨论的目标？

将以下表格投影在投影仪上或画在大黑板上，并填入老师们对头脑风暴问题的回答。确保对每一个"愿景"都进行量化，保证每一个"步骤"都是具体和行动指向的。

愿景	行动	当前策略	当前分数	6周后期望的分数	步骤
举例：激发学生对成功的渴望	学生将会参与班级活动，并想要学习	失败，联合父母，奖赏	3	5	向那些成功应对挑战学生的老师取经，学习他们的策略，并在三周内尝试这个策略

对于那些能够为团队提供策略尝试的教师，你的团队中有谁能够开始整理出这些名单？

这些人将组成焦点解决大团队，并学习焦点解决思维，之后将这些理念带回他（她）所在的小团队，教其他成员如何以不同的方式管理学生。焦点解决大团队将定期会面，大团队成员将参加多次学习。因为焦点解决教育的概念来源于咨询模式，学校顾问或学校心理咨询师也可作为指导者加入大团队。开始培训后，管理者会征求教职工意见，由他们选择一位老师来领导大团队。管理者将与指导者和领队面谈，并且推荐一些参考书目，以帮助他们理解焦点解决教学的概念。管理者将会关注培训会议,每六周至少会见一个团队一次,以便了解他们是如何导向焦点解决模式的。为了让教师们知道自己全力支持并且重视他们的想法和进展,管理者将全年不定期拜访。

第一次会议后,学校秘书会将会议结果编撰成刊发放给教职工。在确定提名的老师名字、焦点解决大团队名称以及大团队指导者后,这份讲义会很快发给老师们。

第一次员工会议的补充资料

还有两份讲义需要在会议中分发。这两份讲义与其他资料分开,单独放在一个文件夹中。一学年结束之后,文件中的思想将会变得更清晰。

在学校中建立信任

信任一个新校规和管理模式是需要时间的。只有管理者以老师和焦点解决团队的期望为重,信任才可以建立。下面是对那些期望改变现状的管理者/领导们的一些建议:

真诚

走进教室,坐在学生中间。让老师们知道你将不定时去教室观察他们的焦点解决教学。在你访问结束后,真诚地写一张感谢卡。

值得信任

当你向老师们承诺会为他们核查某事时,就一定要做到。这会提高你的信用度。让老师们听到你在用焦点解决的言语与学生交谈。

讲义2　焦点解决学校中与学生相处的指南

1. 以一种非病理性的方式与学生交流。采用积极的方式描述困难,使他们感觉问题可以解决。

2. 不要尝试搞清楚为什么这个学生会有这个问题,相反,要静观当问题不存在时的情形。

3. 把学生看成是在某个问题上"卡住"的人,而不是把他们当作问题。这将更容易帮助他们从中解脱。

4. 当一个学生有问题时,去问他想要有什么不一样的。

5. 记住,当你改变你的策略时,学生也会改变他们的行为。

6. 复杂的问题并不总是需要复杂的解决手段。有时只不过我们需要一段空闲时间去发现有什么不一样。

7. 当我们深入学生的生活,试着理解他们,我们工作起来也会更方便。

8. 对于改变而言,动机是必需的。寻求改变,用更积极的方式去激励学生,询问学生学习的动机。

9. 如果一个学习计划有效,就执行;如果无效,就不要再做。这对于行为干预同样适用,做点儿不一样的。

10. 与学生或父母一起工作时,要将焦点关注放在可能性和容易改变的事情上。这使目标更易实现,也更可靠。

11. 慢慢累积成功。考虑先改变一点点,而不是一下子改变很多。

12. 记住,快速改变能发生,也的确会发生,重要的是注意到学生的快速改变,并用语言向学生表达出来,即使是很小的改变,也要经常问他们是如何做到的。

13. 变化是经常的,它通常发生在我们做点儿不一样的事情的时候。

14. 关注问题的"例外"。注意你此刻正在做的什么事是促使例外发生的。

注意学生或他父母做了什么。
15. 改变时间和地点,那么问题不会像以前一样发生。
16. 换一个角度看问题,是问题影响了学生,而不是学生影响了问题。

讲义3　在焦点解决学校与学生交流的一些建议

帮助学生解决冲突

以下推荐的提问将协助你帮助学生找到他们自己的解决方式，意识到他们解决问题的个人能力。你的作用只不过是引导他们关注当问题不存在的时刻。

1. "听起来真是糟糕透了，你是如何维持现状的？"
2. "你想事情如何发展？"或者面对多位学生时问，"你们期望事情如何发展？"
3. "回想事情一切顺利时（如学校步入正轨、家庭和睦、朋友更友善、生活更美好、人们也不生气）"，"告诉我，那时候有什么不同？你又做了什么不一样的事？"
4. "你今天会建议做些什么，是之前对你有用的？还有吗？还有吗？"
5. "你如何看待今天的不同境况？怎么样做使你能够更容易尝试一些不一样的事情？"

帮助那些行为出格的学生

那些行为出格的学生经常具有防御性，下列问题将使他们允许你进入他们的内心世界并理解他们那与众不同的世界观，从而能够减弱他们的防御和抵抗。与学生建立的这种新友谊将有助于你明白在帮助学生过程中你所起的作用，对学生承担一种新的责任，并改变你和其他人对他们行为的态度。

1. "当你进展顺利时，你身边有谁会留意到？"
2. "什么时候学校对你而言是可以接受的，而且让你感到还有点儿不错？"
3. "告诉我一些关于你自己的、其他人不了解的事。"

4. "你身上发生的事情向我展示了在学校你可以做到任何你想做的事,只是似乎你更容易脱离正轨。我想知道在今天剩下的时间里,你会做些什么小实验以便让其他人了解一个真实的你。我不确定你将做什么,不过我相信你肯定会做的。"

5. "我将为你做一些事情,今天下午我随时会观察你,记录下什么时候你的行为是受控制的,什么时候不是。你可以将我的记录带回家,怎么样?"

帮助那些学业困难的学生

总有一些学生对自己的学业感到困难重重,但同样也总有希望相随。接下来的一些提问将有助于你帮助学生们分辨更好的学习环境和他们的学习方法。希望你能与学生们一起去发现,为了帮助他们完成学业,其他任课老师需要了解的事情。

1. 从学生角度看待问题,与学生一起制定目标。

"目前这对你而言似乎有点儿难。在学校里你想事情该如何发展?"

"如果让你用1-10进行评分,10分代表在学校里你事事都称心如意,1分代表事情很艰难,现在你对自己评几分?"

"今天下午或本周我看到你在做些什么事情,让我知道你正朝着10分前进了一步?那看起来有什么不一样?"

如果学生告诉你,需要其他人做一些事情,你表示赞同,并说:"我知道,但是我们不能改变他人。你能够做些什么,使得事情对你而言会更好?"

2. 与学生一起探寻没有问题的时刻。

"让我们一起回想一下,当问题没有那么困扰的时候,情形是怎样的。"

"你做了些什么使你能够成功应对?你是如何做到这些的?"

"在这之前，其他老师做了什么是对你确实有帮助的？"

3. 你要赞美学生为了解决学业问题而尝试的任何努力。

"我留意到昨天当我告诉每个人要上交拼写作业时，你把它们都放在了我桌子上的绿色盒子里。我这么做能够提醒你交作业吗？如果你想，我可以为你这么做。"

4. 假设问题消失了的那一天。

"假设明天早上醒来，你发现发生了一个奇迹。不仅学校事事顺心，而且在家父母的所言所行也有助于你学习，那么你会发现他们会做些什么不一样的事情？"

5. 布置任务。

"你将如何继续保持做这些此刻对你有用的事情？"

"根据我们今天的谈话，如果学校对你是有效的，那么你认为你会采取的一小步是什么，而这意味着你开始了改变？"

值得依赖

与老师们在一起并不是指你要为老师们做大纲或指引中的任何事。你的出现和你对焦点解决教学的精通，代表了你对他们的支持。

可预测

保持项目的一致性是至关重要的，因为它强化了你对该项目的承诺。当你做出承诺，你的职员同样也会承诺。如果你允许某些老师把学生送到你办公室让你"修理"，那么其他老师也会这么做。相信他们。当你假装不能胜任时，他们将更能胜任。

好意

愿景所产生的结果才是你的目标。你的愿景所预示的结果就是，老师用不同的方式对待学生，学生也对自己刮目相看。当你的目标是为了整个学校的人着想，而不仅仅是减少规定或增加学术成就时，这就会发生。

◉ 赢得参与

> 如果愿景提供了方向的指导，信任搭建了坚实的基础，那么参与就是驱动组织前进的燃料。这股能量潜伏在组织员工的心中和想象中。(Rosen, P111)

我曾经在精神病医院工作，并遇到了我曾见过的最优秀的护士长之一。她的一位下属告诉我，有一次在长假期间，科室里遇到了一个问题。她打电话给

在家中的护士长询问解决办法。护士长没有告诉她如何做,而是说:

"你认为现在应该怎么解决?"

"为了解决这个问题,你可以做的第一件事是什么?"

"在场人员中谁可帮助你解决问题?"

那位护士笑着给我讲述了这个故事,并说到护士长是如何帮助她做到信心满满,以及她为自己能够在危急事件中掌握一定的主动权而感到多么的自豪。

这一原则也适用于教师和职工。给予他们力量,相信他们可以解决自己的问题。当老师到你的办公室寻求帮助时,你让老师把学生也一同找来,并要求老师与学生一起在你的办公室找到不一样的方法。如果你不这么做,学生就会受罚,或在谈话后仍旧回到当初产生麻烦的系统中。这个结果就重复、重复、再重复。不过,当关系改变时,系统以及知觉和反应也会改变。最终老师也会领悟那位护士明白的道理 —— 他们自己能够解决自己的问题。直到那时,再开始对教师们进行相关培训。

教师评估

利用你的教师评估系统鼓励你的教职工学习本书中的焦点解决理念。从你的焦点解决团队中选择一些人,诸如学校顾问或学校心理咨询师,他们不仅要掌握焦点解决的相关概念,而且也要能熟练地运用。让这些人去帮助那些需要学习这些概念的老师,当然,也欢迎志愿者。有时,老师们也需要额外的鼓励来增加参与度。让他们知道在教学评价中包括了对焦点解决教学行为和关系策略的评估,这样就能够激励老师们学习焦点解决。如果这种胜任期望起效了,那么就多做一些。

◉ 学习,不断学习

学习是一项投资。让你的老师和职员们觉得学习焦点解决是一个充满乐趣的过程。在第一次会议时先后播放以下两部电影片段,之后再进行讨论。

会议前的视频:城市乡巴佬(City Slickers)

播放片段:在克里的葬礼结束后,比利·克里斯托和他的两位朋友聚在城堡里。当他们三人谈论"好日子"和"坏日子"时,看看他们的言论是如何影响他们的问题解决的。当老师们对学生保持不同的看法、少给学生贴"坏学生"标签时,学生也会有不一样的反应。

会议后的视频:生命因你而动听(霍兰德的作品)

播放霍兰德先生遇到莱恩女士的部分。莱恩女士是一位红发的黑管演奏手,因为觉着自己没有天赋,她正考虑放弃黑管。当霍兰德先生演奏了一曲 *Louie Louie* 后,他描述了如何让音乐能够有趣和深入人心。正如霍兰德先生一样,老师们也要找到一条深入学生心灵的方法,让学生们的成长之路充满希望。

当教职员们刚开始进行这个项目时,要仔细倾听他们的心声,了解他们学到了什么。经过教室时,仔细聆听他们的课程计划,关注他们与学生之间的友好对话,以及他们在午餐时间为解决帮派冲突所做的尝试。认可他们的努力,写一张如下便条:

> 亲爱的圣托希亚老师,
> 　　今天下午我穿过走廊,听到你和安德烈正认真地谈论他加入帮派的事。我注意到你看起来非常真诚地建议他学习关于第二次世界大战那一章的内容。他看起来非常感谢你能在课外与他一起讨论。我

> 很欣赏你的努力,也十分荣幸能够与像你这样的人在学校共事。
>
> 副校长　托马斯

找到本书中一段较符合你学校实际情况的对话。让教职工们进行讨论,找出为何这段对话能够导向解决之道。

● 培养创新能力

"成功的领导者关注每个成员与生俱来的优势,发掘他们的创造潜能,如此他们就能更容易地释放出创造性。这样的领导者会雇用那些能随机应变、有无限求知欲的人。他们会帮助这些人发现其自身具有的才能,帮助他们将才能与工作相结合。之后,最优秀的领导者会为职工创造一个适合的环境进行尝试、冒险,从而实现他们的创新潜能。"(Rosen, P246)

创造力不是说来就来的。有些人会问:"如果……,会怎样?"其他人会说:"嗯,也许我们可以试试这么做。"这是迪士尼公司能够经营得如此成功的原因。首先,公司领导会区分每位员工自身所拥有的独特才能;其次,领导们会建构出合适的工作来激发创造力。僵硬的条条框框被撤去,没有效率的工作被灵活、有弹性的工作取代。最后,领导者会创造出一个支持员工冒险和尝试的工作环境。

学校总是追求灵活性与创造性。学校讲究的是具备较高的教学效率,而不是死板的说教。协助教师和职工们运用自身的技能和资源使焦点解决学校取得成功,这和让公司取得成功是同样的道理。你只需走到职工面前,把问题展现给他们并且寻求他们的帮助,你和他们是同一战线的,让他们知道你热切地期盼他们的答案。之后,将他们的回答应用于实践,并让他们观察所产生的效果。

◉ 促进统一

学校里可能会有一些老师抵制创建焦点解决学校。他们认为有些学生在班级内根本无法处理,就应该被送到办公室,交由行政人员处理。他们认为学生需要特殊教育,他们无法在课堂上得到帮助。你要仔细倾听这些老师的内心所想,把他们当作不了解新方案的人。人们恐惧变化。老师通常喜欢结构化,抗拒改变,因为那会破坏既有的工作模式。因为这一点,当你遇到阻力时要小心翼翼。倾听这些老师的抱怨,承认这种改变是有难度的。然后,告诉这些老师一个事实,学校中的绝大部分人都在努力推动这个新项目。你要求这些老师在下一周里仔细观察,留意在这个新项目中是否存在他们尚可以接受的部分。你会与他们再次会面,并聆听他们的发现。

留意这个话题是如何在学生、家长与老师之间流传的。焦点解决模式不仅仅是提问,也不仅仅是应用策略或使用不同的语言,这是一种世界观,让人感觉有希望和有能量。当老师在一个系统中感到胜任时,随着系统的改变,他们会逐渐感到无法胜任。帮助那些想要更加胜任的老师,我保证,只要让他们了解这个项目,你就会赢得他们的心。

总结

人们会聚集在让他们有归属感的地方。他们寻求接纳、肯定、共同点和安全感。焦点解决学校之所以能成功,原因就在于接受学生和家长之为"人"的需求。学校肯定"问题"学生的价值。学校的教职员工使这些年轻的学生确信明天将会更美好。是什么使一个学校团结一致? 是你这种焦点解决领导。他们需要你帮助他们走上正轨。当你的学校开始推行这与众不同的焦点解决教学理念时,你会发现家长和社区管理者也在重新酝酿新的方法。社区将得到改善,因为有人会冒险并站出来说,"我认为我们需要一个积极的方法。我感兴趣的是,你对我们能够做到这一点是怎么想的?"

我们的社会充满了需要各种社会关系和学习新生活方式的人们。或许,焦点解决学校还应该在社会推行这样的理念。学校曾经被看作社会的支柱。为什么不提供给那些家长他们认为重要的东西? 一种方式是通过调查或访谈获悉他们的需求。归根结底,焦点解决教学教的是一种聚焦有效成分的生活模式。

对那些渴望成为焦点解决模式的学校和社区,作者可以提供工作坊。当然,也欢迎来自各方成功应用焦点解决模式的信件分享! 写信给她,告诉她焦点解决教学是如何使你的学校发生改变的。

Linda Metcalf, PhD

5126 Bridgwater Drive

Arlington, Texas 76017

附录

教师可放在桌上：

教师的解决之道

1. 听起来很糟。你将会如何知道事情变得好一些了？
2. 上回你是什么时候知道的？
3. 你是怎么做到的？
4. 如果只要为今天做一点点的话，你会做什么？
5. 如果从 1 到 10 分，你目前是几分？

焦点解决取向概念

1. 改变对问题的陈述方式，可以协助我们发展新的策略。总会有例外的。
2. 学生被问题困住了……他们本身并非问题。
3. 一旦开始改变，就会产生滚雪球般的效应。
4. 不管我与学生的目标有多大的差异，我都会努力达成学生的目标。

当你遇到反抗时，寻求合作之道。

注意今天何时在学校是顺利的。

这是一个焦点解决学校。

我们相信学生的能力。

这是一位例外导向的焦点解决教师在教这个班级!

（校名或班级名）

你的潜能将会被开发!

请进来吧!

参考文献

Ageland, J. and Glanze, W., 1987, *Pearls of Wisdom*, Harper & Row, New York.

American Psychiatric Association, 1997, *Desk Reference to the Diagnostic Criteria from DSM-IV*, Washington, D.C.

Bluestein, J., 1995, *Mentors, Master and Mrs. Macgregor*, Health Communications Inc., Deerfield Beach.

Cade, B. and O'Hanlon, W., 1993, *A Brief Guide to Brief Therapy*, W.W. Norton, New York.

Campbell, C. and Dahir, C, 1997, *The National Standards for School Counseling Programs*, American School Counselor Association, Alexandria, VA.

Chapman, J. and Boersma, F., 1979, Learning disabilities, locus of control, and mother attitudes, *Journal of Educational Psychology*, 71, pp. 250-258.

Combs, G. and Freedman, J., 1990, *Symbol, Story and Ceremony*, W. W. Norton & Company, New York and London.

De Shazer, S., 1985, *Keys to Solutions in Brief Therapy*, W. W. Norton, New York.

De Shazer, S., 1985, *Clues: Investigating Solutions in Brief Therapy*, W. W. Norton, New York and London.

De Shazer, S., 1988, *Putting Difference to work*, W. W. Norton, New York and London.

Durrant, M., 1993, *Residential Treatment*, W. W. Norton, New York.

Durrant, M., 1995, *Creative Strategies for School Problems*, W. W. Norton, New York.

Epston, D., 1989, *Collected Papers*, Dulwich Centre Publications, Adelaide, South Australia.

Epston, D. and White, M., 1990, *Narrative Means to Therapeutic Ends*, W. W. Norton, New York.

Finkelhor, D. and Dziuba-Leatherman, J., 1988, Victimization of children, *American Psychologist*, 49, pp.173-183(1994).

Freeman, C., 1988, *The Teachers' Book of Wisdom*, Walnut Grove Press, Nashville.

Furman, B. and Tapani, A., 1997, *Reteaming-Succeeding Together*, Snellman Printing House, Helsinki.

Harwell, J., 1995, *Ready-to-Use Information and Materials for Assessing Specific Learning Disabilities*, The Center for Applied Research in Education, West Nyack, NY.

Johnsons, L., 1993, *Dangerous Minds*, St. Martin's Paperbacks, New York.

Keeney, B, 1994, *Conference remarks*, Fort Worth, Texas.

Lee, H., 1988, *To Kill a Mockingbird*, re-issue edition, Little Brown & Company.

Lipchik, E. and De Shazer, S., Purposeful sequences for beginning the solution-focused interview, in E. Lipchik, 1988, *Interviewing*, Aspen, Rockville, MD, pp. 105-117.

Metcalf, L., 1991, Therapy with parent-adolescent conflict: Creating a climate in which clients can figure what to do differently, *Family Therapy Case Studies*, 6(2), pp. 25-34.

Metcalf, L., 1995, *Counseling Toward Solutions*, The Center for Applied Research in Education, West Nyack, NY.

Metcalf, L. 1997, *Parenting Toward Solutions*, The Center for Applied Research in

Education, West Nyack, NY.

Metcalf, L. and Thomas, F., Client and therapist perceptions of solution focused brief therapy: A qualitative analysis, 1994, *Journal of Family Psychotherapy*, 5(4), pp.49−66.

O'Hanlon, W.H. and Weiner-Davis, M., 1989, *In Search of Solutions*, W. W. Norton, New York.

O'Hanlon, W.H. and Weiner-Davis, M., 1996, Informational sheets from *Possibilities*, Santa Fe, New Mexico.

Rosen, R., 1996, *Leading People*, Penguin Books, New York.

Ruenzel, D., 1994, Playing by the rules, *Teacher Magazine*, November/December, pp. 32−37.

Scannell, E., 1980, *Games Trainers Play*, McGraw Hill, New York.

Shaffer, D., 1996, *Developmental Psychology*, Brooks/ Cole Publishing Company, Pacific Grove, CA.

Sternberg, R., 1997, Still smarting, *Teacher Magazine*, January, PP. 40−41.

Trickett, P. and Putnam, F., 1993, Impact of child sexual abuse on females: Toward a developmental, psychobiological integration, *Psychological Science*, 4, pp. 81−87.

Weisman, J.,1994, Full speed ahead, *Teacher Magazine*, November/December, pp. 44−49.

White, M., 1989, Saying hello again: The incorporation of the lost relationship in the resolution of grief, *Selected Papers*, Dulwich Centre Publications, Adelaide, South Australia.

Wolfner, G. and Gelles, R., 1993, A profile of violence toward children: A national study, *Child Abuse and Neglect*, 17, pp. 197−212.

Wulf, S., 1997, How to teach our children well, *Time Magazine*, October, pp. 62−69.